POLYGLOTT on tour

Teneriffa

Die Autorin
Irene Börjes

Unser E-Book-Code zur elektronischen Erweiterung des POLYGLOTT on tour. Das kostenlose E-Book enthält die im Reiseführer aufgeführten Adressen entlang der Touren, beispielsweise zu Essen und Trinken, Shoppen, Aktivitäten und Hotel-Tipps. Links auf einen externen Kartendienst vereinfachen das Auffinden dieser Adressen.

Mit großer Faltkarte & 80 Stickern für die individuelle Planung

www.polyglott.de

SYMBOLE ALLGEMEIN

- ! Erst-klassig / ! — Besondere Tipps der Autoren
- SPECIAL — Besondere Aktivitäten
- SEITEN BLICK — Spannende Anekdoten zum Reiseziel
- ★ (1) / ★ — Top-Highlights und Highlights der Destination

50 Top-Touren & Sehenswertes

TOUR-SYMBOLE

①	Die POLYGLOTT-Touren
6	Stationen einer Tour
①	Hinweis auf 50 Dinge
[A1]	Die Koordinate verweist auf die Platzierung in der Faltkarte
[a1]	Platzierung Rückseite Faltkarte

PREIS-SYMBOLE

	Hotel DZ	Restaurant
€	bis 60 EUR	bis 15 EUR
€€	60 bis 120 EUR	15 bis 30 EUR
€€€	über 120 EUR	über 30 EUR

Zeichenerklärung der Karten

beschriebene Region (Seite=Kapitelanfang)

10 E h Sehenswürdigkeiten

4 Tourenvorschlag

Autobahn

Schnellstraße

Hauptstraße

sonstige Straßen

Fußgängerzone

Eisenbahn

Staatsgrenze

Landesgrenze

Nationalparkgrenze

Top 12 Highlights

1. Strände von El Médano › S. 69
2. Masca › S. 82
3. Garachico › S. 85
4. Loro Parque › S. 96
5. Altstadt von La Orotava › S. 102
6. Drachenbaum von Icod de los Vinos › S. 107
7. Santa Cruz › S. 116
8. Playa de Las Teresitas, San Andrés › S. 124
9. Pirámides de Güímar › S. 125
10. Altstadt von La Laguna › S. 126
11. Anagagebirge › S. 134
12. Teide-Nationalpark › S. 141

(1) Touren-Start

Perfekte Planung
Parallel Klappe vorn links aufschlagen

Blick über Puerto de la Cruz und den Vulkan Teide an der Nordküste

TYPISCH

Teneriffa ist eine Reise wert!

Mildes Klima, Atlantikwasser und Strände, die Sehnsucht nach Teneriffa wächst, wenn es bei uns mal wieder grau und kühl ist. Spaß, Party und Trubel ziehen die Jüngeren in den Süden. Wer es ruhiger mag, findet vielfältige Landschaften und lebendige Städte, die es zu entdecken lohnt.

Die Autorin **Irene Börjes**
ist Hamburgerin, lebt seit 1988 aber auf La Palma, Teneriffas kleiner ländlicher Nachbarinsel. Sie erschloss sich die vielfältigste Insel im Archipel als Studien- und Wanderreiseleiterin und schiebt dort ganz privat jedes Jahr ein paar Badetage in El Médano ein. Und wenn sie Stadtluft braucht, zieht es sie nach Santa Cruz oder Puerto de la Cruz, wo sie besonders die entspannte Atmosphäre genießt.

Hóla! So freundlich wird man überall begrüßt. Wenn es dann noch »Hóla Iris« oder »Hóla Sven« heißt, fühlt man sich sofort wie unter Freunden. Spanier sprechen sich mit dem Vornamen an, das Du oder Sie kommt je nach Bekanntheitsgrad hinzu. Ältere Menschen bekommen als Zeichen für besondere Achtung Don oder Doña vor den Vornamen. Aus Iris kann so eine Doña Iris werden, aber keine Señora Iris. Eher schon Señora Schmidt, aber dann wird es dienstlich oder sie ist in einem Hotel, in dem überwiegend Ausländer absteigen.

Das gemütliche El Médano an der Südküste ist ein Mekka für Windsurfer

Eindrucksvolle Terrassierungen im Anagagebirge

Eigentlich wollte ich nie nach Teneriffa – viel zu touristisch –, dachte ich. Bis ich eine Reisegruppe auf Teneriffa übernehmen sollte. Schon die Vorbereitung öffnete mir die Augen. Ich wohnte in El Médano, mit seinem herrlichen Naturstrand und beständigen Winden ein Eldorado von Surfern und Kitern. Die Wanderungen führten über einsame Pfade durch Schluchten und über Felsgrate des Tenogebirges und am nächsten Tag durch Nebelurwälder mit wuchernden Farnen und Moosen im Anagagebirge. Brauchte ich mehr? Fehlte mir noch etwas? Ja, der Gipfel des Teide, der stand für den letzten Tag auf dem Plan.

Strandtag: Tasche abgestellt, Sonnenschirm aufgespannt, Kleid über den Kopf gezogen und schon springe ich hinein in die warmen Atlantikwellen. Luft und Wasser sind weich wie Samt und sanft wie Seide. Auf dem Rücken liegend, die Arme ausgebreitet, schaue ich in den wolkenfreien, hellblauen Himmel. Am Ufer knattern bunte Surfersegel. Nach dem Bad könnte ich in ein Lokal auf der Promenade einkehren und ein Eis essen oder einen erfrischenden frisch gepressten Orangensaft trinken. An meinem Lieblingsstrand ist es eher ruhig. Wer mehr Sportangebote möchte, mehr Menschen am Strand, Klubs, Party und Konzerte – und das möchten die meisten Teneriffaurlauber –, für den ist die Auswahl in den Orten des Südens und Südwestens wesentlich größer.

Teneriffa ist eine reine Vulkaninsel, der Boden tief unter ihr immer noch heiß. Grund zur Sorge gibt es nicht. Ausbrüche kündigen sich lange vorher durch Erdstöße an. Für Urlauber wie für Bewohner bringt der Vulkan viele Vorteile. Fruchtbare, mineralhaltige Böden, rustikales Baumaterial und Wohnraum für Menschen und Vieh. Noch immer leben Familien im

Wandern ist eine meiner Lieblingsbeschäftigungen!

Anagagebirge in – sehr bequem ausgebauten – Höhlen. Für Besucher bieten die Vulkane spannende Eindrücke: im Nationalpark, auf dem Pico del Teide oder beim Abstieg in die Unterwelt.

Die Insulaner sind offen und hilfsbereit. Fragen Sie einen Passanten in einer der schönen alten Städte nach dem Weg, wenn er Zeit hat, wird er Sie zu Ihrem Ziel begleiten und unterwegs auf Sehenswürdigkeiten hinweisen. Eine ihrer augenfälligsten Eigenschaften ist ihre »Tranquilidad«, ihre große Gelassenheit. Sie lassen sich nie von der Hektik der Urlauber im An- und Abreisestress anstecken. Eins der ersten neuen Wörter, die man hier lernt, ist »tranquilo« – immer mit der Ruhe. Und so regeln sie, was geregelt werden muss, ruhig und zuverlässig. Was hingegen nicht so wichtig ist, kann durchaus auch mal etwas länger dauern.

Das ganze Jahr über grünt und blüht es. In Parks und Gärten leuchten tropische Exoten aus aller Welt wie Jacaranda und Bougainvillea. In der Natur zeigt sich die einheimische Flora meist dezenter, dafür aber exklusiver. 130 Pflanzenarten gibt es nur hier. Manche, wie die rot blühende Tabaiba, lediglich in zwei Schluchten. Botanisch Interessierte werden auf der Insel voll auf ihre Kosten kommen, und wer sich einfach an der Schönheit der Blütenpracht freut, sowieso.

So grün kann die Insel sein – und überall Ausblicke auf das Meer

Reisebarometer

10× richtig gut

Was macht Teneriffa so besonders? Die herrlichen Landschaften, die weiten Strände oder die toll erhaltenen historischen Städte? Das bietet die Insel: von einem Punkt »gut« bis sechs Punkte »übertrifft alle Erwartungen«.

Landschaften ●●●●●○
So viele Landschaften wie ein ganzer Kontinent

Historische Städte ●●●●○○
In den Städten im Norden stehen Kirchen, Paläste, ja ganze Straßenzüge aus dem 16. und 17. Jahrhundert.

Kulinarisches ●●○○○○
Frischen Fisch gibt's an der Küste, ansonsten eher deftig.

Spaß für Kinder ●●●○○○
Strände, Bootsfahrten, Themenparks und Ausflüge

Einkaufen ●○○○○○
Die Zollfreiheit bietet so manches Schnäppchen bei Tabak, Spirituosen, Kosmetik und Digitalgeräten.

Abenteuer und Entdeckung ●●●○○○
Schluchten, Höhlensiedlungen und einsame Urwaldpfade

Sport ●●●●○○
In, an und auf dem Wasser: immer prima Sportlerklima

Strände ●●●●○○
Sandstrände satt, mal golden, mal vulkanisch dunkel

Klima ●●●●○○
Mehr Sommer als Frühling bietet Teneriffa seinen Gästen.

Preis-Leistungs-Verhältnis ●●●●○○
Preise und Leistung stimmen.

● = gut ●●●●●● = übertrifft alle Erwartungen

50 Dinge, die Sie ...

Hier wird entdeckt, probiert, gestaunt, Urlaubserinnerungen werden gesammelt und Fettnäpfe clever umgangen. Diese Tipps machen Lust auf mehr und lassen Sie die ganz typischen Seiten erleben. Viel Spaß dabei!

... erleben sollten

1 Karibikfeeling Weißer Sand und Palmen – so präsentieren sich die Strände im Süden und im Westen. Fast für sich allein haben Sie die schöne und wenig besuchte Playa del Camisón von Playa de las Américas › **S. 58** am frühen Morgen und bei Sonnenuntergang.

2 Mitfeiern Wenn Kartöffelchen durch die Luft fliegen, sind Sie beim Festzug zu Ehren von San Isidro, dem Patron der Bauern. Lokalen Wein gibt es auch – und zwar direkt aus dem Ziegenschlauch. Wo und wann Sie mitfeiern können, finden Sie auf › **S. 46**.

3 Delfine und Wale sichten Sehr gut möglich ist dies auf einer Bootstour vor Teneriffas Westküste. Während die Delfine an schneller Fahrt ebenso viel Spaß haben wie Sie, sind Wale eher langsam und zurückhaltend, ihre Reviere stehen deshalb unter Schutz. Von allen Häfen im Westen stechen Whalewatchingboote in See › **S. 59**.

4 Lieblingsstrand der Hauptstädter Die Playa de Las Teresitas › **S. 124** ist gleichzeitig einer der schönsten Strände der Insel. Einheimische Familien- und Freundesgruppen bilden große Runden im Sand, am Ufer wird gejoggt und am Abend zieht man gemeinsam in die Fischlokale von San Andrés.

5 Glühende Lava Durch einen nachgebildeten Vulkantunnel fließt täuschend echt Lava vom Videoband – so erreicht man die Schauräume des informativen Besucherzentrums im Nationalpark › **S. 141**.

6 Abstieg in eine Vulkanhöhle Teile der 17 erforschten Kilometer des Höhlensystems Cueva del Viento › **S. 109** können sportliche Naturen als geführte Höhlentour bei Icod de los Vinos erleben.

7 Spitzensicht Ein aufsehenerregender Sonnenaufgang mit wahrhaft gigantischem Rundblick ist für frühe Starter die Belohnung für die anstrengende Wanderung hinauf auf den höchsten Punkt Spaniens, die 3718 m hohe Spitze des Vulkans Teide › **S. 146**.

8 Shoppingentzug? Dann packen Sie den Gatten und lenken den Mietwagen am Sonntagvormittag nach Puerto de la Cruz auf die Plaza de Europa. Der Kunsthandwerkmarkt ist ein Gesamtkunstwerk mit

Im Paisaje Lunar ragen Kegel aus gebackener Vulkanasche in den Himmel

Musik und leckerstem einheimischem Essen für die wohlverdiente Strandpause › S. 108.

9 Durch die Mondlandschaft wandern Näher als auf dem Mond liegt diese im Paisaje Lunar › S. 72. Wind und Wetter haben weiße Vulkanaschen zu bizarren Kegeln geformt. Vor dem Staunen liegen allerdings 2½ Std. zu Fuß und genauso lange wieder zurück.

10 Karneval Mehr Rio als Köln in Santa Cruz › S. 122: Angesagt sind südamerikanische Rhythmen und passend dazu fantasievolle knappe Kostüme. Alle Gruppen haben ihre eigenen Umzüge: Kindergärten, Schulklassen, Nachbarschaften und Karnevalsvereine. Und Zuschauen geht auch ganz ohne Verkleidung …

11 Tauchen, ohne nass zu werden Sie wollen wissen, wie es unter dem Wasser aussieht? Ein gelbes U-Boot taucht täglich im Jachthafen Marina San Miguel an der Südostküste ab › S. 59.

… probieren sollten

12 Tapas In den Glaskästen hinter der Bartheke liegen verführerische Köstlichkeiten wie Fischkroketten oder der typisch kanarische Pulpo-Oktopussalat. Die Portionen, für zwischendurch gedacht, sind klein. Wer Lust aufs Probieren hat, bestellt gleich drei davon, z. B. in der Taberna Casa Riquelme in Masca › S. 83.

13 Cafés Die spanischen Cafèspezialitäten sind eine Entdeckung wert. Probieren Sie beim Bummel durch Puerto de la Cruz im Café Dinámico auf der Plaza del Charco › S. 95 einen *Cortado,* ein Espresso mit süßer, dicker Milch, Kostenpunkt maximal 1 Euro. Die Einheimischen trinken ihn meist im Stehen.

14 Vitaminspritze Genuss und Erfrischung am Strand: In jeder Bar, z. B. an der Playa Jardín › S. 96, presst man für Sie einen frischen Orangensaft mit mindestens vier

Kartoffeln auf Kanarisch – mit Meersalz

Orangen pro Glas. Das hilft jedem müden Spaziergänger wieder auf die Beine!

(15) Frischer Ziegenkäse Der *Queso blanco de cabra* ist mild, saftig und ohne jeden aufdringlichen Beigeschmack. In dem kleinen Dorf Teno Alto › **S. 84** gibt es fast noch so viele Ziegenhirten wie Häuser, und überall wird mit »Se vende queso« auf das hauseigene Angebot aufmerksam gemacht. Gemeinsam mit *jamón serrano,* luftgetrocknetem Schinken, gehört er zu den klassischen Vorspeisen in kanarischen Restaurants › **S. 47**.

(16) Papas arrugadas con mojo In viel Meersalz gekochte Kartoffeln mit *Mojo,* Tunke, bekommen Sie in jedem typischen Restaurant zum Hauptgericht › **S. 48**. Zu Fleisch wird die rote, scharfe Tunke aufgetragen, zu Fisch die milde, grüne.

(17) Gofio Das vielleicht ungewöhnlichste Lebensmittel fehlt in keinem kanarischen Haushalt. Urlaubern wird es selten serviert. Fragen Sie danach, wenn Sie in einem typischen Lokal Suppe bestellen, und rühren Sie den Gofio zum Andicken hinein. Was ist Gofio? Schauen Sie mal auf › **S. 19**.

(18) Suppen mit Schmackes Suppen kommen auf den Kanaren häufig als deftiger Eintopf daher. Probieren Sie einmal *Sopa de Garbanza* mit Kichererbsen oder *Potaje de verduras* mit viel Gemüse.

(19) Meeresbeute Thunfisch wird im Sommer vor den Kanaren gefangen und mit grüner *Mojo* und *papas arrugadas* serviert. Total lecker im Vista Mar in Los Abrigos! › **S. 69**

(20) Traum in süß Gemahlene Mandeln, gemischt mit Honig und Biskuit: Der erste Löffel *Bienmesabe* schmeckt sehr süß, der zweite nur noch mmmh … In der Taberna del Puerto › **S. 48** in Santa Cruz bekommt man sie – und überall sonst, wo authentische kanarische Küche serviert wird.

(21) Bierdurst Auch auf Teneriffa wird gebraut! Ein gut gezapftes *Dorada* im Monkey Beach Club › **S. 64** wird alle Bierfreunde zufriedenstellen.

(22) Vulkanwein Teneriffas Weine sind berühmt › **S. 49**. Der Wein von der Winzervereinigung Tacoronte-Acentejo aus dem Süden, behaupten Schwärmer, habe die Farbe alten Goldes, wie in den dunklen schimmernden Ebenen am Fuß des Vulkans. Eine gute Auswahl lokaler Weine gibt es z.B. in der Casa del Vino La Baranda.

… bestaunen sollten

(23) Sich einmal wie Däumling fühlen Über Ihnen in schwindelnder Höhe weiße und rosa Erikablüten, während ihre lila Verwandten in der Lüneburger Heide nur über die Füße reichen. Sie entdecken die Baumheide *(Erica arborea)* bei einer Wanderung am Cruz del Carmen › **S. 135** in den Urwäldern in Teneriffas Norden.

(24) Subtropischer Sternenhimmel Die besonders saubere Luft und die Dunkelheit auf den Höhen nutzt das Observatorium bei Izaña › **S. 143**. Die beste Sicht (auch ohne Teleskop) in klaren Sternennächten haben Sie von den Aussichtsplätzen auf der Cumbre Dorsal und im Nationalpark › **S. 141**.

(25) Herrenhaus der Eroberer Alonso de Lugo, der spanische Eroberer, richtete sich in der alten Hauptstadt La Laguna ein. In dem rund 450 Jahre alten Haus mit seinen massiven Mauern, herrlich bepflanztem Patio und umlaufender Galerie residiert heute die Touristeninformation › **S. 130**. Schauen Sie hinein!

(26) Ausblick Einen wunderschönen Blick ins romantische Tenogebirge und über die Schlucht von Masca auf das Meer bietet die von Bougainvillea und Engelstrompeten umrankte Restaurantterrasse des El Guanche › **S. 83** im Dorfzentrum von Masca.

(27) Wasserspiel Ein 5000 m² großer Salzwassersee mitten auf der Plaza de España › **S. 116** ist der architektonische Paukenschlag von Santa Cruz. Von den Planern Herzog & de Meuron eigentlich nicht zum Baden gedacht, stört das im Sommer viele Kinder nicht.

(28) Schutzherrin der Insel Die kleine, reich in Gold- und Silberbrokat gekleidete Figur der Jungfrau von Candelaria steht standesgemäß in der Kathedrale von Candelaria › **S. 125**. Für Besucher sind die neun übermannshohen Bronzeplastiken der letzten Guanchenfürsten auf dem Kirchplatz ebenso beeindruckend. Geschaffen hat sie der einheimische Künstler José Abad.

(29) Uralt-Drachenbaum 1000 Jahre soll er alt sein oder gar 5000 Jahre? Der größte und älteste der Welt ist der Drachenbaum von Icod de los Vinos › **S. 108** auf jeden Fall. Sie finden ihn ausgeschildert am Rand der Altstadt in einem Park.

(30) Botanische Rarität Tausende winzige rote Blüten wachsen aus dem bis 3 m hohen schlanken Kegel des Teide-Natternkopf. Nur von Ende Mai bis Ende Juni und nur im Nationalpark Teide › **S. 142** können Sie diese seltene Pflanze wild wachsend blühen sehen.

(31) Los Gigantes Wahrhaft gigantisch stürzt die Steilküste im Nordwesten ins Meer. Mit bis zu 500 m gehört sie zu den ganz großen der Erde. Den besten Blick darauf haben Sie von der Promenade › S. 77 im gleichnamigen Ort aus.

(32) Alles Humbug oder was? Wann, von wem und warum die Natursteine zu den Pyramiden von Güímar › S. 125 aufgeschichtet wurden, ist ein Rätsel. Der bekannte, norwegische Forscher Thor Heyerdahl meinte, es seien die Ureinwohner gewesen, und ließ einen Museumspark, der seine These stützt, anlegen. Kanarische Wissenschaftler halten das für Humbug.

(33) Blütenteppiche Am Tag vor Fronleichnam schmücken die Bewohner von La Orotava › S. 103 ihre Straßen mit kunstvollen Blütenmustern. Auf der Plaza werden noch die letzten Ecken am großen Bild aus farbigem Lavasand gefüllt.

Fronleichnamsfeierlichkeiten in La Orotava

… mit nach Hause nehmen sollten

(34) Urlaubsklänge Die Gruppe *Los Sabandeños* › S. 44 präsentiert kanarische Folklore wie keine andere. Beim Hören zu Hause kommt ungebremstes Urlaubsfeeling auf. http://portal.sabandeños.com

(35) Triumphale Momente Mit letzter Puste den Pico del Teide › S. 146 erreicht? Jetzt ein Foto – und Sie können noch den Enkeln davon vorschwärmen.

(36) Süßes Schlückchen Kanarische Bananen, Sahne und Zuckerrohrdestillat – das steckt in der Flasche *Bana Mana*, dem vermutlich besten Bananenlikör der Insel. Den finden Sie zu ca. 15 Euro in den meisten Supermärkten.

(37) Tabak pur *Puros* heißen die kanarischen Zigarren, was für *puro tabacco*, reinen Tabak, steht. Sie sind milder und heller als die kubanischen – aber unter Kennern gleichermaßen geschätzt. In Garachico › S. 85 [C4] befindet sich noch eine Zigarrenmanufaktur, die auf Bestellung Puros frisch von Hand dreht. Tabacos Arturo, Avenida Tomé Cano 8, Tel. 922 13 35 15

(38) Azafrán Das ist Safran – nicht der echte allerdings, sondern der preiswertere Samenfaden aus der Färberdistel. Bei Masca › S. 83 wird er gesammelt, und in Tütchen ab 2 Euro gekauft, macht er den Kuchen oder die Suppe genauso gehl.

(39) **Spitzenarbeiten** Loch- und Hohlsaumstickerei haben lange Tradition auf der Insel. Das Label »Artenerife« bescheinigt die lokale Herkunft der Kunsthandwerksartikel. Besonders schön kauft man in der Casa Lercaro › **S. 104** in La Orotava, Calle del Colegio 5–7.

(40) **Drachenbaumsamen** Einen Drachenbaum › **S. 107** auf der eigenen Fensterbank zu züchten ist gar nicht so schwer. Er braucht einen Topf mit guter Drainage, sonnigen Standort und wenig Wasser. Samen gibt es in Blumengeschäften und in vielen Souvenirläden.

(41) **Perlen** Absolute Spezialisten mit riesiger Auswahl an einzelnen Perlen, die zu Schmuckstücken zusammengestellt werden, finden Sie bei Tenerife Pearl nahe Adeje. www.tenerifepearl.com

(42) **Paradiesvogelblumen** Besorgen Sie sich einen Strelizienstrauß vom Markt in Las Chafiras › **S. 108**. Gut verpackt lässt er sich im Flieger transportieren, und Sie haben auch daheim noch Freude daran.

… bleiben lassen sollten

(43) **Flipflops in den Bergen** Wer auf Flipflops in die Berge startet, riskiert verstauchte Knöchel – wenn es dabei bleibt. Auf Bergrouten eignen sich Wanderstiefel oder bei leichten Wegen feste Halbschuhe mit Profilsohle.

(44) **Sonnenschutz vergessen** Machen Sie es wie die Einheimischen, nehmen Sie einen Sonnenschirm mit an den Strand!

(45) **Einzelrechnungen verlangen** Kellner auf der Insel haben kein Verständnis für getrennte Rechnungen: zusammen essen, zusammen zahlen!

(46) **Montags eine Museumsrunde starten** Santa Cruz und La Laguna können mit vielen interessanten Museen aufwarten. Montags aber bleiben sie alle geschlossen.

(47) **Stadtrundfahrten im eigenen Auto** Die lohnenden Straßen und Plätze sind für den Verkehr gesperrt. Parkverbote und schlecht ausgeschilderte Parkgaragen machen Autofahrern das Leben schwer.

(48) **Ohne Kopfbedeckung wandern** ist anstrengend und gefährlich. Sie sind hier immerhin auf halbem Weg zum Äquator! Ebenso wichtig pro Person mindestens einen, bei langen Wanderungen 1,5 l Wasser mitnehmen.

(49) **Sammelleidenschaft** Steine sammeln im Nationalpark oder gar Pflanzen ausgraben in Naturschutzgebieten ist strikt verboten.

(50) **Bei der Siesta stören** Von 13–17 Uhr dauert die Siesta. Geschäfte sind meist geschlossen und Familien halten Mittagsruhe. Ohne ausdrückliche Einladung sind Besuche um diese Zeit respektlos.

Was steckt dahinter?

Die kleinen Geheimnisse sind oftmals die spannendsten. Wir erzählen die Geschichten hinter den Kulissen und lüften für Sie den Vorhang.

Warum essen die Canarios so viel Gofio?

Gofio ist ein praktisches und vollwertiges Lebensmittel aus Getreide, dessen volles Korn vor dem Mahlen geröstet wurde. Damit ist das Mehl gar und muss weder gekocht noch gebacken werden. Zu allen Mahlzeiten kann es ohne viel Aufwand in der Küche gegessen werden. Mit Milch verrührt ergibt es ein Frühstück, mittags kommt es in die Suppe, mit etwas Wasser verknetet isst man es wie Brotstückchen. Die Erfinder des Gofios waren übrigens die Guanchen, Teneriffas Ureinwohner. Die Frage müsste lauten: »Warum essen wir nicht mehr Gofio?« **50 Dinge** ⑰ › **S. 14.**

Warum gibt es hier so viele Höhlen?

Die Insel Teneriffa entstand vor etwa 12 Mio. Jahren durch vulkanische Aktivität. Die Lava, die bei einem Ausbruch den Vulkan verlässt, kann je nach mineralischer Zusammensetzung dünnflüssig oder fester sein. An der Luft erkalten und erstarren die oberen Schichten zuerst. Sie bilden eine feste Gesteinsmasse. Dünnflüssige, glühend heiße Lava kann darunter weiterströmen. An anderen Stellen bilden sich Gasblasen. Am Ende des Ausbruchs bleiben diese Wege als Tunnel und Höhlen zurück.

Warum gibt es hier Pflanzen, die sonst nirgends vorkommen?

Als rein vulkanische Insel hatte Teneriffa nie eine Landverbindung nach Nordafrika. Vögel und Stürme brachten Samen hierher, aus denen sich eine Pflanzenwelt vergleichbar der Nordafrikas und des Mittelmeerraums entwickelte. Auch dort gab es einmal Lorbeerwälder und Erika so groß wie Bäume. Während Klimaeinbrüche wie die Eiszeit in Europa die Lorbeerwälder erfrieren und die Versteppung Nordafrikas sie verdursten ließen, überlebten sie hier. Andere Pflanzen wie die rot blühende Tabaiba aus der Familie der Wolfsmilchgewächse gibt es in der Natur nur im Tenogebirge und im Barranco del Infierno. Sie haben sich an die dortige spezielle mineralische Zusammensetzung des Bodens angepasst.

Bis zu 3 m hoch: die Kanaren-Wolfsmilch

La Orotava ist die Perle unter den
historischen Städten der Insel

REISE-PLANUNG & ADRESSEN

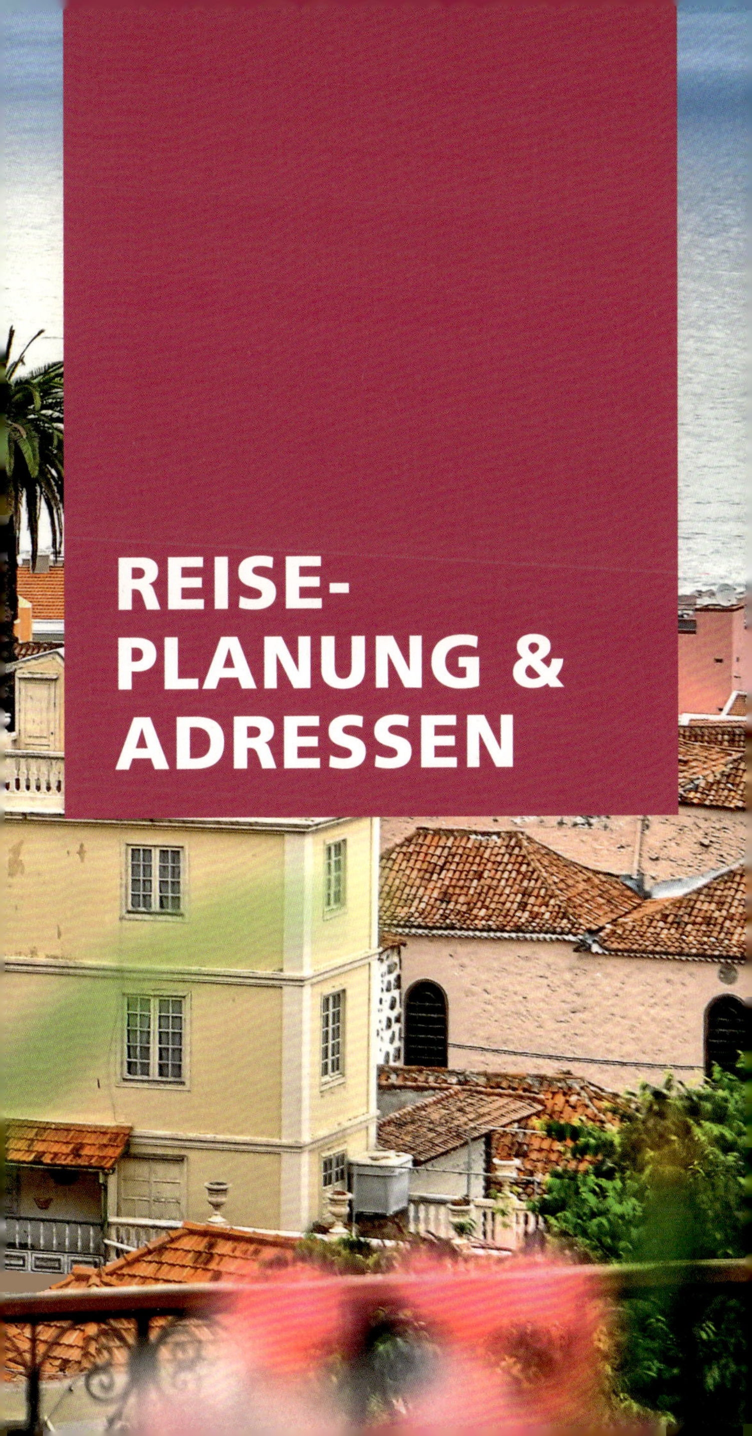

Die Reiseregion im Überblick

Welch eine Vielfalt! Strände und Berge, Wälder und Wüsten liegen in Teneriffa dicht beieinander.

Im Zentrum erhebt sich der Vulkan Teide, mit 3718 m höchster Berg Spaniens, aus einem schroffen Felsring. An seiner Nordflanke liegt das anmutige, grüne Orotavatal. Ihre abwechslungsreichen Landschaften haben die größte Kanareninsel zu einem der beliebtesten Reiseziele Europas gemacht. Und dennoch findet man noch ruhige Plätze und kann jenseits der Urlaubszentren ungestört die Natur durchstreifen. Selbst beim Sprung ins Wasser hat man die Wahl: Große und kleine, helle und dunkle, belebte und einsame Sandstrände sowie Naturschwimmbecken laden zum Baden ein.

Ziel der meisten Inselbesucher sind die auf Urlaubsgäste spezialisierten Orte des **Südens.** Hier kann man an nahezu jedem Tag im Jahr an einem der vielen Strände den Sonnenschein genießen. Der immer warme Atlantik ermöglicht je nach Standortwahl geruhsames Planschen, Brandungsbaden oder rasantes Surfen. Das Hinterland bietet spektakuläre Ausflugsziele, wie z. B. das alte Adeje und den Tafelberg Conde.

Noch vor wenigen Jahrzehnten waren die wildromantischen Schluchten des Tenogebirges im **Nordwesten** unerschlossen. Bevor der Fortschritt mit Betonbauten und Autobahnen hier Einzug halten konnte, wurde die Land-

Küste bei Almáciga im Anagagebirge

schaft unter Natur- und ihre Dörfer unter Denkmalschutz gestellt. Von den Pässen der Straße durchs Tenogebirge bieten sich heute atemberaubende Panoramablicke und eine weite Sicht über das Meer auf die Nachbarinseln La Gomera und El Hierro.

Im grünen **Norden** Teneriffas hinterlassen die dichten Passatwolken einen Großteil ihrer feuchten Fracht und tauchen ihn in satte grüne Farben. Auf den Höhen dominieren Pinienwälder während im fast tropischen Klima an der Küste Bananen, Papayas und Mangos gedeihen. Zwischen den Plantagen verstecken sich schwarze Strandbuchten. Das reizvolle Orotavatal, das schon Alexander von Humboldt 1799 besuchte, zählt unbestritten zu den Hauptanziehungspunkten der Insel. **Puerto de la Cruz** an der Nordküste präsentiert sich als Mischung aus kanarischer Stadt und gepflegtem Badeort.

Im **Nordosten** der Insel bilden zerfurchte Bergketten den Hintergrund der Inselhauptstadt **Santa Cruz** und der altehrwürdigen Universitätsstadt La Laguna. Obwohl vor den Toren der großen Städte gelegen, ist das wilde **Anagagebirge** noch wenig erschlossen. Grün, mit Lorbeerwäldern und baumhoher Erika bewachsen, zeigt sich die Nordflanke des Gebirges; karg und trocken, mit dem herrlichsten goldgelben Sandstrand präsentiert sich die südöstliche Seite. Teneriffas Kontraste sind hier auf engstem Raum vereint. In der Abgeschiedenheit der Täler bestellen die Bauern noch heute ihre winzigen Terrassenfelder, die sich die steilen Hänge hinaufziehen.

Nirgends spürt man die vulkanische Vergangenheit unmittelbarer als im **Teide-Nationalpark**. Wie ein Zuckerhut, im Winter weiß vom Schnee, im Sommer hell vom Schwefel, ragt der Teide empor. Weiße, grüne, schwarze, braune und bimsfarbene Brocken, Lavatürme und Steinflüsse erinnern an das Toben der Naturgewalten. Am Fuß des mächtigen Gipfels hat sich der Steinwüste zum Trotz reges Leben angesiedelt: Millionen von Blüten breiten sich zeitweise in der Ebene aus, Bienenschwärme summen im Duft von Ginster und Levkojen.

Daran gedacht?

Einfach abhaken und entspannt abreisen

- ☐ Reisepass / Personalausweis
- ☐ Flug / Bahntickets
- ☐ Fahrzeugschein / Führerschein (Leihwagen)
- ☐ Sitter für Pflanzen und Tiere organisiert
- ☐ Zeitungsabo umleiten / abbestellen
- ☐ Postvertretung organisiert
- ☐ Hauptwasserhahn abdrehen
- ☐ Fenster zumachen
- ☐ Nicht den AB besprechen »Wir sind für zwei Wochen nicht da«
- ☐ Kreditkarte einstecken
- ☐ Medikamente einpacken
- ☐ Ladegeräte
- ☐ Adapter einstecken

Klima & Reisezeit

Als Insel des ewigen Frühlings hat Teneriffa immer Saison. Frühsommerliche und sommerlich warme Luft sowie die angenehmen Wassertemperaturen des Atlantiks sorgen das ganze Jahr über für ideale Badebedingungen.

Dennoch machen sich die Jahreszeiten und regionale Klimaunterschiede bemerkbar. Diese sind im Süden und Osten am wenigsten spürbar. Der Südosten ist durch gelegentliche heftige Winde eher ein Surfer- als ein Badeparadies. Im feuchteren Norden schiebt der Passatwind (mit 20–25 km/h) häufig Wolken an die Berghänge. An der Küste herrscht ein subtropisches Klima mit sonnigen, aber ebenso vielen bedeckten Tagen und gelegentlichem Regen – im November und in den Wintermonaten kann dieser auch mehrere Tage anhalten. Über 500 Meter Höhe bekommen die Felder und Wälder dank der Passatwolken den notwendigen Niederschlag, der auch die einzigartige Pflanzenwelt der Kanareninseln am Leben erhält. Oberhalb der Wolkengrenze scheint im kühlen Nationalpark Teide häufig die Sonne vom strahlend blauen Himmel. Wer sich für seine Ferien Sonne satt wünscht, der wird sich zu jeder Jahreszeit für den Süden entscheiden. Wer gemäßigtes Klima vorzieht oder gern wandert, der ist im Norden besser aufgehoben.

Je nach Ferienzeiten und Klima der Herkunftsländer strömen die Urlauber zu unterschiedlichen Zeiten auf die Insel. Von Mitte Oktober bis Mitte April, wenn es im nördlicheren Europa kalt und trübe ist, stellen Briten, Deutsche und Skandinavier die meisten Besucher. Mitte Juni bis Mitte September sind die Urlaubsmonate der Spanier, in denen sie vor der Hitze in Zentralspanien auf das angenehm temperierte Teneriffa entfliehen. Spitzenzeiten im Hinblick auf die Besucherzahlen auf der Insel sind Weihnachten/Neujahr und die Karwoche, die *Semana Santa*, die von vielen Spaniern zu einem Kurzurlaub genutzt wird. Teneriffas Karneval gehört zu den Höhepunkten im Festekalender. Wer in dieser Zeit Ruhe sucht, sollte sich von allen städtischen Zentren fernhalten.

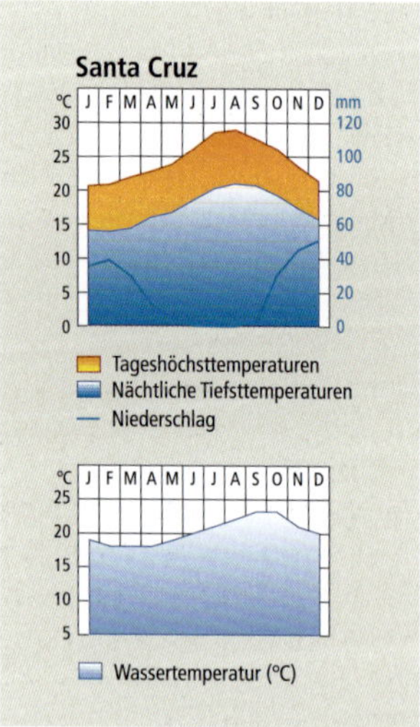

Historische Schiffe wie dieser Zweimaster sind für Ausflügler unterwegs

Anreise

Mit dem Flugzeug

Nahezu alle deutschen Reiseveranstalter und Charterfluggesellschaften fliegen Teneriffa an. Internationales Drehkreuz ist Tenerife Sur Reina Sofía (City-code TFS), 60 km südwestlich der Hauptstadt. Einige Chartermaschinen landen auch auf dem nationalen Flughafen Tenerife Norte Los Rodeos (City-code TFN), 12 km nordwestlich von Santa Cruz. Im Linienverkehr wird Teneriffa mehrfach wöchentlich von deutschen Flughäfen, aber immer über Madrid oder Barcelona angeflogen. Auskünfte über Reisebüros, www.lufthansa.de oder www.iberia.es. Pauschalreisen oder Flüge für die Hauptsaison bucht man am besten gleich nach Erscheinen der neuen Kataloge und Flugpläne. Außerhalb der Saison sind auch sehr günstige Flüge zu ergattern. Es lohnt sich, die Webseiten der Reise- und Fluggesellschaften regelmäßig zu durchforsten.

Mit dem Schiff

Die Anreise per Bahn/Pkw und Fähre ist nicht nur erheblich zeitaufwendiger, sondern auch wesentlich teurer als mit dem Flieger. Von Cádiz in Südspanien verkehren Fähren der **Acciona Trasmediterránea**. Fahrpläne und Preise sind abrufbar unter www.trasmediterranea.es. Die kanarische Schifffahrtsgesellschaft **Naviera Armas** bietet eine preiswerte Verbindung zwischen Südspanien (Huelva, Granada) bzw. Südportugal (Portimão) und den beiden kanarischen Hauptstadthäfen (Santa Cruz de Tenerife, Las Palmas de Gran Canaria), sie verkehrt außerdem als Autofähre zwischen den Inseln, www.navieraarmas.com.

Unterwegs auf der Insel

Mit dem Bus

Ein engmaschiges öffentliches Busverkehrsnetz überzieht die Insel. Die modernen, grünen Fahrzeuge der **TITSA** steuern alle bedeutenderen Orte mehrmals am Tag an.

Bonoviatickets zum Preis von 15 oder 25 € ermöglichen Einsparungen von ca. 30 %. Man bekommt sie in den größeren Städten, am Busbahnhof *(Estación de Guaguas)* und in Geschäften, die mit einem Schild *Bonobus Tarjeta* werben. Eine Fahrt von Puerto de la Cruz zum Südflughafen kostet normal 10 bzw. 6,50 € mit dem *Bonobus*, von Playa de las Américas nach Santa Cruz 8,20 bzw. 5,40 €. Beim Umsteigen *(trasbordo)* werden Teilstrecken angerechnet.

In den Busbahnhöfen sind zudem kostenlose Fahrpläne erhältlich; Regionalfahrpläne gibt es bei den Touristeninformationen.

Mit dem Taxi

Taxifahrten auf Teneriffa sind vergleichsweise preiswert. Je nach Tageszeit und Gemeinde müssen Sie mit 2–2,50 € Grundpreis und 0,47 € pro gefahrenem Kilometer rechnen. Bei Überlandfahrten sollte man vorher den Preis erfragen.

Mit dem Mietwagen

Bei den internationalen Verleihern kann man zu Hause vorbuchen. Wer die manchmal günstigere Konkurrenz vor Ort ausnutzen will, sollte sich in Puerto de la Cruz oder in Los Cristianos/Playa de las Américas umschauen. Bei einer Mietdauer von einer Woche werden Pauschalen ab 150 € angeboten.

Es besteht Anschnallpflicht; die Promillegrenze liegt bei 0,15. Abschleppen von privat ist verboten, das Mitführen eines zweiten Warndreiecks und einer zweiten reflektierenden Schutzweste ist Vorschrift. Falschparkern droht Abschleppen und hohes Bußgeld!

Ausflüge zu den Nachbarinseln

Mehrmals täglich bedienen **Flugzeuge** der Regionalgesellschaft Binter (www.bintercanarias.es) den Verkehr zwischen den verschiedenen Kanarischen Inseln.

Mehrere **Fährgesellschaften** verkehren zu den Nachbarinseln. Ein Tagesausflug nach La Gomera › **S. 55** ist durchaus zu empfehlen. Auskunft und Fahrpläne bekommt man in jedem Reisebüro auf Teneriffa und unter www.fredolsen.es bzw. www.navieraarmas.com.

Badespaß der Superlative im Siam Park

SPECIAL

Unterwegs mit Kindern

Der richtige Standort

Niedrige Apartment- und Bungalowanlagen oder Ferienhäuser bieten mehr Freiheiten für Kinder, und mit eigener Küche ist der Urlaub praktischer und preiswerter als im Hotel. Einige Reiseveranstalter bieten besonders kinderfreundliche Anlagen an. Denken sie daran, bei der Reservierung Kinderbetten zu bestellen.

Mit Kindern essen gehen

Kanarische Restaurants sind auf Kinder eingestellt. Kinderhochstühle *(silla alta)* oder Zusatzkissen stehen zur Verfügung. Neben Portionen für Erwachsene bieten Lokale auch kleine Portionen *(media ración)* oder Kinderteller an.

Mietwagen

Die Mietwagenfirmen verfügen über Kindersitze (Bestellung bei der Reservierung). Schwierig wird es, wenn die Kinder unternehmungslustiger Eltern ungern Autofahren. Die viele Kurverei in den Gebirgen, ist dann kein Vergnügen.

Einkaufen

All die Dinge, die Sie für Kleinkinder benötigen – beispielsweise Windeln *(pañales)* –, bekommen Sie wahrscheinlich nicht im Laden um die Ecke, der sich auf Strandleben eingestellt hat, aber bestimmt in den großen Supermärkten.

Freizeitspaß

Die meisten Strände in den Urlaubsorten sind als ruhige Buchten gestaltet und für Kinder geeignet. Auch abseits von Strand und Meer gibt es viele schöne Möglichkeiten. Machen Sie es wie die Canarios, fahren Sie zum Grillen auf einen der Waldrastplätze. Sie müssen nur Würstchen und Getränke mitbringen, alles andere, auch Feuerholz, wird kostenlos gestellt.

Sport & Aktivitäten

Auf den Kanaren trainieren die Olympiasieger der Segler, die Weltmeister der Surfer und die Tennisprofis. Außerdem radeln und tauchen hier auch ganz normale Freizeitsportler ohne Ambitionen.

Im milden Klima der Insel können nahezu alle Outdoor-Sportarten ohne Winterpause betrieben werden. Wenn Sie an mehreren Tagen surfen oder biken möchten, lohnt es sich, die eigene Ausrüstung mitzunehmen. Die Fluggesellschaften transportieren – nach Anmeldung – das Sportmaterial (gegen ca. 50 € Kosten). Eine aktuelle Liste aller Geräteverleiher und Veranstalter vor Ort sowie weitere Informationen gibt es unter www.webtenerife.de. Dort finden auch **Paraglider, Golfer** und **Reiter** Informationen zu ihrer Sportart.

Wind- und Kitesurfen

Das ganze Jahr über liegen die Kanarischen Inseln im Einfluss der *Vientos alisios* wie die Passatwinde hier poetisch genannt werden. Sie erreichen die Inseln auf Nordost; entsprechend stellt die Ostküste Teneriffas mit Stärken zwischen 3 Beaufort im Sommer und 8 Beaufort im Winter ein anspruchsvolles Revier dar. Die Urlaubsorte im Süden und Südwesten liegen im Windschatten und sind deshalb für Anfänger besser geeignet.

Der kleine Badeort El Médano an der Südküste hat sich ganz den Surfern verschrieben. Er bietet die perfekte Infrastruktur von Hotels bis zu Surfschulen und Materialverleih. Die besten Spots liegen direkt vor und neben dem Städtchen.

! Erstklassig

Die besten Spots für Surfer

Wind- und Kitesurfer finden die besten Plätze bei El Médano:

- **Playa del Médano** ist ideal für Brandungs- und Wellenfreaks. › S. 69
- An der **Playa La Cabeza** [E5] kämpfte schon die Weltelite um Punkte im Grand Slam.
- Die **Playa El Confital** [E5] ist nur für absolute Experten.
- Für Wellenreiter eignet sich die Brandung an der **Playa del Socorro** westlich von Puerto de la Cruz (in den Sommerferien mit Kursangeboten). › S. 90

Wellenreiten

Das Surfen ohne Segel hat unter den Einheimischen genauso viele Anhänger wie das Windsurfen. Die dafür erforderliche lange Brandungswelle gibt es an mehreren Stränden an der Nordküste, z. B. Playa Martiánez und Playa del Socorro. Für die geübten einheimischen Sportler bedeuten die Strömungen dort keine Gefahr, wer die

Reviere jedoch nicht kennt, sollte schauen was die Einheimischen machen und niemals allein hinauspaddeln. Für Anfänger reicht vielleicht ein Bodyboard, damit können auch Kinder bei nur wenig Brandung über die Wellen flitzen.

Segeln

Segler, die vor den Kanarischen Inseln kreuzen, können in mehreren Sporthäfen vor Anker gehen. Die größten sind der Puerto de Colón in Playa de las Américas und der Sporthafen von Los Gigantes. In beiden Häfen sind Segelschulen und Charterfirmen für Katamarane ansässig. Auch wer einfach an einer Segeltour teilnehmen möchte, ist dort richtig.

Dem Passatwind sei Dank!

Tauchen

Die vielen Steilküsten machen Teneriffa zu einem interessanten Tauchrevier. Wenn dann noch wie im Süden ruhiges und warmes Wasser hinzukommt, sind ideale Bedingungen gegeben. Teneriffas Unterwasserwelt präsentiert sich nicht ganz so farbenprächtig wie tropische Gewässer. Es ist die Vielzahl an Großfischen, die Begegnungen unter Wasser so spannend machen. Beliebte Tauchspots liegen im Süden, Westen und an der Nordküste. In allen dortigen Ferienorten sind Tauchschulen ansässig, die Tauchgänge organisieren und die notwendige Ausrüstung verleihen.

Radfahren

Mountainbiker kommen auf Teneriffa voll auf ihre Kosten. Geführte

SEITENBLICK

Auf eigene Faust unterwegs

Wandertouren auf Teneriffa führen häufig über längere Strecken durch unbewohnte Naturparks. Deshalb sollten Sie folgende Regeln beachten: Gehen Sie nie allein und immer mit einer aktuellen Wanderbeschreibung und Karte; beginnen Sie eine mehr als zweistündige Wanderung immer bereits am Vormittag. Auch die Ausrüstung muss stimmen: Tragen Sie Wanderstiefel mit gutem Profil und eine Kopfbedeckung; packen Sie außerhalb der Sommermonate eine Regenjacke in den Rucksack; nehmen Sie ausreichend Wasser (mind. 1,5 Liter pro Person) und Verpflegung mit. Im Notfall leistet ein Mobiltelefon gute Dienste (Tel. 112).

Biketouren und Beratung bietet **DIGA-Sports** in Playa de las Américas an. Dort können sich Urlauber, die auf eigene Faust losradeln wollen auch Fahrräder ausleihen: Avda. Rafael Puig 23 (Hotel Park Club Europe), Tel. 922 79 30 09, www.diga-sports.de.

In Puerto de la Cruz hat **Mountainbike Active** ein vergleichbares Angebot: Calle Puerto Viejo, Ecke Calle Dr. Madán, Tel. 922 37 60 81, www.mtb-active.com.

Wandern

Abwechslungsreiche Landschaften mit markanten Gebirgszügen, vielfältige Vegetation, liebliche Täler, reizende Dörfer und nicht zuletzt seine Majestät der Teide schaffen so viele unterschiedliche Wanderge-

! Erstklassig

Die schönsten Wanderungen

- Im Süden: **Auf den Tafelberg Roque del Conde,** schwer, 3–4 Std. › **S. 70**
- Im Tenogebirge: **Durch die Schlucht von Masca,** mittelschwer, 3½–4 Std. › **S. 83**
- Im Norden: **Panoramaweg über dem Orotavatal,** mittelschwer, 4½ Std. › **S. 101**
- Im Anagagebirge: **Zum Höhlendorf Chinamada,** leicht, 2½ Std. › **S. 136**
- Im Nationalpark: **Auf den Gipfel des Teide,** schwer, Aufstieg ca. 4½–5½ Std., zweitägige Wanderung. › **S. 146**

biete, dass ein Urlaub kaum ausreichend ist, um alle kennenzulernen. Die Wege bieten Herausforderungen für geübte Wanderer, es gibt aber auch bequeme Promenaden am Berghang entlang für diejenigen, die ein Naturerlebnis ohne Anstrengungen vorziehen. Schon bald hinter den Städten und großen Urlauberzentren beginnen Wanderwege, auf denen es bisweilen richtig einsam ist. Die bekannteren Touren werden häufiger begangen.

Wer organisiert wandern möchte, hat auf der Insel mehrere Möglichkeiten. Die Verwaltung des Teide-Nationalparks bietet zweimal wöchentlich eine kostenlose Einführung (in Englisch) in Fauna und Flora, verbunden mit einer Wanderung bzw. einer Busfahrt durch die Cañadas.

In allen Ferienorten gibt es Wanderveranstalter, die je nach Tour und Anfahrt pro Wanderung und Person 20–60 € verlangen. Informationen zu den verschiedenen Programmen liegen in den Hotels und den in den Büros der Touristeninformation aus.

Golf

Sieben neue Golfplätze haben sich in den letzten Jahren zum Traditionsplatz El Peñon-Tacoronte gesellt – die Tourismusverantwortlichen konzentrieren sich immer mehr auf Luxusreisende. Die neuen Plätze liegen im Süden bei Los Cristianos/ Playa de las Américas und an der Costa del Silencio, im Norden bei Puerto de la Cruz und bei Buenavista del Norte.

Unterkunft

Vom Hotel über Pensionen und Privatzimmer bis hin zur gemieteten Finca, dem Ferienhaus direkt am Strand oder dem Wohnen auf dem Bauernhof – auf Teneriffa werden alle Zielgruppen, Geschmäcker und Geldbeutel bedient.

Hotels und Apartments

Für Pauschaltouristen ist die Auswahl an Unterkünften vor allem im gehobenen Segment riesig, für Individualreisende in der Hochsaison in den Urlauberhochburgen dagegen erheblich eingeschränkt. Abseits der touristischen Zentren sieht die Situation ganz anders aus. Dort stehen Hotels und Apartmenthäuser häufig noch nicht fest mit Tourismuskonzernen in Vertrag. Mieten kann man direkt per Telefon oder Internet, vor Ort durch Nachfrage oder auch mithilfe der Touristeninformation. Bei den Spanischen Fremdenverkehrsämtern › **S. 152** ist ein Verzeichnis aller Unterkünfte erhältlich, online unter www.webtenerife.de.

Urlaub im Landhausstil

Eine individuelle Alternative für einen komfortablen Urlaub bieten private Fincas und für Gäste hergerichtete Bauernhäuser, meist herrlich ruhig im grünen Hinterland gelegen. Viele firmieren unter **Turismo Rural** – ländlicher Tourismus. Die Bandbreite reicht von kleinen einfachen Bauernhäusern für 2–4 Personen über elegante Gutshäuser für die Großfamilie bis hin zum anspruchsvollen Landhotel mit Reitstall und Tennisplatz.

Anbieter in Deutschland sind die Hamburger Agentur von **Karin Pflieger** (www.la-palma-turismo-rural.de, Häuser auch auf Teneriffa), **Las Islas Reisen** (www.las-islas-reisen.de) sowie **Fincaselection** (www.finca-selection.com).

Zwei Organisationen teilen sich die Belegung der Häuser vor Ort: **Aecan** (Alojamiento en Canarias, Calle San Pedro Alcántara 13, 3. Etage, 38001 Santa Cruz de Tenerife, Tel. 922 24 81 14) und **ATTUR** (Asociación Tinerfeña de Turismo Rural, Calle Méndez Nuñez 17, 38003 Santa Cruz de Tenerife, Tel. 922 53 27 33, www.attur.es)

Finca-Urlaub nahe Güímar

SPECIAL

Strandvergnügen in Schwarz-Weiß

Mehr als 100 kleine und große Strände reihen sich rund um Teneriffa, etwa 30 davon sind empfehlenswerte Badeplätze. Die meisten weisen grauen oder schwarzen Sand auf – typisch für eine Vulkaninsel, aber dennoch fremdartig. Die Gemeinden ließen deshalb an vielen Hauptstränden Sand aus der Sahara aufschütten. Den fast weißen Sand für ihren Lieblingsstrand Playa de Las Teresitas (bei Santa Cruz) haben die Hauptstädter ebenfalls aus der Sahara herüberschaffen lassen. Der hellste, goldgelbe und zugleich längste Naturstrand liegt vor El Médano.

Meerwasserschwimmbecken

Weil sich an der Nordküste das Meer im Winter häufig zu stürmisch für Schwimmer gebärdet, bauten die Gemeinden Meerwasserbadeanlagen, damit das Badevergnügen nicht zu kurz kommt; es gibt schlichte, wie in **Bajamar,** oder aufwendige, wie der vom bekanntesten kanarischen Künstler César Manrique genial mit Badeseen, Inseln und Wasserfällen gestaltete **Lago Martiánez** › S. 93 in Puerto de la Cruz. Weitere Becken gibt es in **Garachico, Mesa del Mar, Los Silos** (Ortsteil Parque Silva) und an der **Playa Arena** westlich von Buenavista.

Blaue Flaggen

Als Auszeichnung für hohe Umweltstandards und gute Strandleistungen vergibt der zuständige EU-Kommissar jedes Jahr blaue Flaggen. Bewertet werden die Wasserqualität, die Sauberkeit des Sandes und die Pflege der Einrich-

 Playa de Las Teresitas, liebster Strand der Hauptstädter

tungen, z.B. der Duschen. Auf Teneriffa qualifizieren sich jedes Jahr sehr viele Strände für diese Auszeichnung. Eine genaue Auflistung der Strände und aktuelle Informationen finden Sie unter www.blueflag.global.

Warnflaggen

In den Wintermonaten entwickelt der Atlantik besondere Kraft – gefährlich können neben der hohen Brandung auch Unterströmungen wirken. An abgelegenen Stränden ohne Molen, Rettungswacht und Beflaggung sollten Sie besonders vorsichtig sein und im Norden in den Wintermonaten lieber auf Pools ausweichen.

- **Grüne Flagge:** keine Gefahr
- **Gelbe Flagge:** Baden nur für geübte Schwimmer
- **Rote Flagge:** absolutes Badeverbot

Ruhe am Strand

Nicht jeder freut sich über direkte Nachbarschaft am Badelaken. Viel Platz bleibt am Südende des Strandes bei **El Médano,** den man problemlos mit dem Bus erreichen kann. Im Süden schließt sich die bisher nur von Einheimischen genutzte Playa de la Tejita an.

Einen Tagesausflug lohnt der Naturstrand **Playa del Roque** mit Felsenkulisse, in herrlicher Lage unterhalb von Taganana im Anagagebirge. In einer der urigen Fischerkneipen legt man Ihnen nach dem Bad gern ein frisches Fischfilet oder Thunfisch-Kotelett auf den Grill. Für diesen Ausflug lohnt sich ein Leihwagen, ein Bus fährt achtmal täglich ab/nach Santa Cruz.

Badeplätze à la carte

- **Familienfreundlich:** Feinsandig und flach abfallend sind alle Strände im Süden/Südwesten, im Osten bei San Andrés und in El Médano im Ortsbereich. Die Badeanlagen im Norden und Westen verfügen über Kinderbecken. Wegen der Strömung und Brandung an den dortigen Stränden können diese für kleinere Kinder nicht empfohlen werden.
- **Brandungsbaden:** Bei El Médano im Südosten und im Sommer östlich von Puerto de la Cruz an der Nordküste

Badeanlage Costa Martiánez in Puerto de la Cruz

Entspannen und genießen in La Laguna im Nordosten der Insel

LAND & LEUTE

Steckbrief

- **Fläche:** 2034 km²
- **Höchster Berg:** Pico del Teide (3718 m)
- **Einwohner:** ca. 1 000 000 (Santa Cruz: 204 000, La Laguna: 153 000, Puerto de la Cruz: 29 000)
- **Hauptstadt:** Santa Cruz de Tenerife
- **Touristen:** über 5 Mio. pro Jahr
- **Entfernungen:**
  nach La Gomera 30 km
  nach Gran Canaria 63 km
  zur afrikanischen Westküste 330 km
  nach Cádiz (Spanien) 1350 km
  nach Frankfurt/Main 3300 km

- **Amtssprache:** Spanisch
- **Landesvorwahl:** 0034
- **Währung:** Euro (€)
- **Zeitzone:** MEZ –1 Std.

Lage

Teneriffa ist die größte der Kanarischen Inseln. Die Kanaren liegen vor der Westküste Afrikas auf derselben geografischen Breite wie Marokko, politisch gehören sie zu Spanien. Der Archipel umfasst im Osten Lanzarote, Fuerteventura und Gran Canaria, im Westen Teneriffa, La Gomera, La Palma und El Hierro.

Politik und Verwaltung

Innerhalb des spanischen Staatsverbands bilden die Kanarischen Inseln eine autonome Region. Sie verfügen über mehr Unabhängigkeit (z. B. Freihandelszone) als andere Regionen Spaniens. Die althergebrachte Rivalität zwischen Teneriffa und Gran Canaria erforderte einen Kompromiss bei der Wahl des Regierungssitzes: Für jeweils eine Legislaturperiode alterniert er zwischen Santa Cruz de Tenerife und Las Palmas de Gran Canaria. Das kanarische Parlament tagt jedoch ausschließlich in Santa Cruz. Nach der Rückkehr zur Demokratie wurden von einer kleinen Separatisten-Gruppe Forderungen nach einem unabhängigen kanarischen Archipel laut. Bei den Wahlen blieben sie aber immer unter 1 % der Wählerstimmen. 1993 entstand mit der *Coalición Canaria* ein buntscheckiges Bündnis aus Kommunisten, Nationalisten und Separatisten, die kanarische Interessen weder in der damaligen Regierungspartei, der sozialdemokratischen PSOE, noch in der PP, der konservativen Volkspartei, vertreten sahen. 2015 lag die PSOE knapp vorn, Wahlgewinner war jedoch die linkspolitische Partei Podemos (deutsch »Wir können«), die sich auf Anhieb gleich sieben Sitze sicherte.

Bevölkerung

Bei der letzten Erhebung 2015 zählte man 1 000 000 Einwohner auf Teneriffa. Davon lebten etwa die Hälfte im Ballungsgebiet von Santa Cruz und La Laguna. Zusätzlich halten sich übers Jahr im Schnitt rund 135 000 Langzeittouristen und ausländische Residenten auf der Insel auf.

Die einheimische Bevölkerung spiegelt in ihrer Zusammensetzung die Geschichte des Archipels wider. Die Mehrheit sind Nachfahren der spanischen Eroberer und der hispanisierten Guanchen, der vorspanischen Bevölkerung. Am Kolorit der Alteingesessenen haben alle Handels- und Seefahrernationen Europas ihren Anteil. Unter den Minderheiten fallen Kaufleute aus arabischen Ländern, dem Vorderen Orient, aus Afrika und Indien auf.

Die meisten Einwohner bekennen sich zum römisch-katholischen Christentum, allerdings geht die Bedeutung der katholischen Kirche im gesellschaftlichen Leben zurück.

Wirtschaft

Im Lauf der Jahrhunderte löste eine Monokultur die andere ab. Der Zuckerrohranbau verschaffte den Grundbesitzern im 17. Jh. enorme Gewinne. Sein Niedergang erfolgte später durch die Konkurrenz von den Antillen und aus Brasilien. Neues Hauptexportgut wurde Wein. Mitte des 19. Jhs. vernichteten Faulschimmel und Mehltau die Rebstöcke. Die folgende wirtschaftliche Katastrophe zwang viele *Tinerfeños* zur Auswanderung, v. a. in die spanischen Überseekolonien. Zur Belebung des Handels und der Wirtschaft wurden die Kanaren ab 1852 Freihandelszone. Ende des 19. Jhs. begann der Bananenanbau. Bis heute sind Bananen wichtigstes Exportgut. Zur Erweiterung der landwirtschaftlichen Exportpalette tragen unter anderem die Wiederbelebung der Qualitätsweinproduktion sowie der Tomaten- und Blumenanbau bei.

Den Kanaren ist es gelungen, ihren Sonderstatus als Freihandelszone 1985 in die Europäische Union zu retten. Ziel der kanarischen Politiker ist es, die Inseln zu einem Offshore-Handelsdrehkreuz zwischen den Kontinenten Europa, Afrika und Amerika auszubauen.

Exportschlager Bananen

Geschichte im Überblick

Frühzeit

Nach dem heutigen Stand der Wissenschaft erfolgte die erste Besiedlung Teneriffas bis zur Mitte des 1. Jahrtausends v. Chr.
Bei den antiken Schriftstellern Homer, Hesiod und Platon finden sich bestimmte topografische Daten, die mit den Kanarischen Inseln in Bezug gebracht werden.
25 v. Chr. König Juba II. von Numidien und Mauretanien lässt nach einem Bericht Plinius d. Ä. die Kanaren erforschen.
Um 200 n. Chr. Ptolemäus zieht den Nullmeridian durch El Hierro als letzter Insel am Rand der Welt.

Neuentdeckung

Ab 1312 Der Genueser Lancelotto Malocello entdeckt durch Zufall die östlichen Kanaren wieder. Es erfolgen erste Einträge auf Landkarten und Atlanten (1375 von Teneriffa).
1341 Die Erwähnung von kanarischem Beutegut (Sklaven, Ziegenfelle, Talg u. a.) im »Manuskript des Boccaccio« zieht Raubzüge durch genuesische, katalanische, mallorquinische und baskische Seeleute nach sich.
1344 Papst Clemens VI. belehnt Luis de la Cerda, einen Urenkel Alfons' X. von Kastilien, gegen den jährlichen Tribut von 400 Gulden mit den Kanaren.
1402–1496 Die Kanarischen Inseln werden erobert. Den Anfang macht Jean de Béthencourt, ein normannischer Landedelmann, mit Lanzarote, Fuerteventura und El Hierro. Spätere Streitigkeiten über die Besitzansprüche zwischen Portugal und Spanien entscheidet der Papst zugunsten Spaniens. Nach der Niederlage von Matanza de Acentejo gelingt es Alonso de Lugo 1496 in drei weiteren Feldzügen, die von einer Pestepidemie dezimierten Guanchen zu besiegen.
1657 und 1706 Eroberungsversuche britischer Flotten scheitern.
1723 Santa Cruz de Tenerife löst La Laguna als Hauptstadt des Kanarischen Archipels ab.
1797 Admiral Nelson erleidet vor Santa Cruz die einzige Niederlage seiner Karriere.
1799 Alexander von Humboldt macht auf Teneriffa Halt und besteigt den Teide.
1817 In La Laguna wird die erste dauerhafte Universität der Kanaren gegründet.
1852 Die wirtschaftliche Misere der Kanaren bewegt Isabella II. dazu, die Inseln zur Freihandelszone zu erklären.

Jüngere Geschichte

1912 Beschränkte Selbstverwaltungsgremien *(Cabildos Insulares)* werden auf den Inseln eingerichtet.
1927 Aufteilung der Kanaren in zwei Provinzen: Santa Cruz de Tenerife wird Hauptstadt der westlichen, Las Palmas de Gran Canaria der östlichen Provinz.
1936 Der Spanische Bürgerkrieg nimmt von Teneriffa aus seinen

Anfang, da Franco als Militärgouverneur der Kanaren hier am 17. April zum Putsch aufruft.

1978 Nach Francos Tod gibt sich Spanien eine demokratische Verfassung.

1982 Die Kanaren werden Autonome Region.

1986 Spanien tritt der EG bei. Die Kanaren behalten einen Sonderstatus als Freihandelszone.

2007 Der Teide-Nationalpark wird UNESCO-Weltnaturerbe.

2010 Eröffnung der weltweit ersten bioklimatischen Siedlung bei El Médano (CO_2-emissionsfrei).

2013 Fast 5 Mio. Gäste reisen nach Teneriffa – das bislang höchste Besucheraufkommen auf der Insel.

2015 Den neuen Kanarenpräsidenten stellt die Coalición Canaria (CC) mit Fernando Clavijo.

SEITENBLICK

Rätselhafte Guanchen

Die Herkunft der Urbevölkerung Teneriffas gibt Rätsel auf. In den Reiseberichten der spanischen Eroberer wurden die Guanchen als blond und hellhäutig beschrieben. Inzwischen weiß man, dass es sowohl blonde als auch dunkelhaarige Typen gab. Vermutlich kamen sie in mehreren Siedlerwellen sowohl aus Nordwestafrika als auch aus dem atlantischen Raum des europäischen Kontinents. Guanchen nannten sie sich selbst nur auf Teneriffa. In ihrer Sprache bedeutet der Begriff schlicht »Mensch von Teneriffa«.

Über das Leben der Urbevölkerung ist mehr bekannt. Sie lebten auf der Entwicklungsstufe der Jungsteinzeit und ernährten sich von Viehzucht, Getreideanbau, Früchten und Beeren, Schnecken und Fischen. Brot kannten die Guanchen nicht. Sie rösteten das volle Korn, mahlten es und verrührten es zum Verzehr mit Flüssigkeit. Gofio hieß diese vollwertige Speise, die noch heute zu den Grundnahrungsmitteln der Canarios zählt.

Zur Zeit der Eroberung gab es auf Teneriffa neun Stämme. Ihr gewählter Vertreter war Bencomo vom Stamm der Taoro aus dem Orotavatal. *Mencey,* Stammesfürst oder Angehöriger der edlen Beraterrunde, wurde ein Guanche nicht durch Geburt sondern nur durch beispielhaftes Verhalten.

Den spanischen Eroberern widersetzten sich die Ureinwohner mit Steinen und Stecken. 1496 kapitulierte Teneriffa als letzte Insel im Archipel. Tausende Guanchen wurden als Sklaven entführt, andere entzogen sich einem Leben ohne Freiheit durch Hungerstreik und Todessprung von den Klippen. Spuren der Überlebenden findet man noch heute in den Gesichtern mancher Inselbewohner, insbesondere in den abgelegenen Dörfern. Fragt man die Canarios, so hört man allerorten, dass sie sicher Nachfahren der Guanchen seien.

Buch-Tipp:

Der König von Taoro von Horst Uden und **Auf den Spuren der Ureinwohner** von Harald Braem, Zech Verlag, Teneriffa.

Natur & Umwelt

Umweltschutz als Staatsaufgabe

Canarias, Naturaleza cálida – »Kanarische Inseln, milde Natur« und nicht etwa »Sonne und Strand« lautet der offizielle Werbeslogan der Inselgruppe. Dieses Motto zeigt, welche überragende Bedeutung die kanarische Regierung der Natur als touristisches Potenzial beimisst. Wie eine Untersuchung des Studienkreises für Tourismus ergab, legt nahezu die Hälfte der deutschen Urlauber Wert auf aktive Maßnahmen zum Umweltschutz am Urlaubsort. Bei der Entscheidung für Teneriffa als Urlaubsort spielt seine natürliche Schönheit und die üppige Vegetation eine wichtige Rolle. Um sie zu erhalten, hat das kanarische Parlament in den letzten Jahren eine Gesetzesserie zum Schutz von Natur und Umwelt verabschiedet. Seither stehen über 40 % der Oberfläche Teneriffas und das Meer vor seinen Küsten unter Naturschutz. Andere Gesetze dienen dem Erhalt von Flora und Fauna und unterstützen alternative Energien. Die Einhaltung dieser Gesetze wird mit Nachdruck verfolgt.

Leben auf dem Vulkan

Nur oben auf dem Gipfel des Teide ist der Boden noch spürbar wärmer. Indizien für Teneriffas vulkanischen Ursprung findet man aber allerorten: an den vielen Stränden mit dunklem Vulkansand, an den jungen Lavaströmen im Westen und am deutlichsten im Nationalpark Teide im Inselzentrum. Hier treffen vielfältige vulkanische Formen und Materialien zusammen: der Krater des **Pico del Teide**, die Wände der beiden Riesenkrater, die ihn als Bergring umschließen, bizarre Vulkanflüsse, mit lockerem Tuff bedeckte Ebenen, aus denen Vulkanschlote ragen.

Die Kanaren sind unter Wasser entstanden. Mit zahlreichen Eruptionen bauten sich unterseeische Vulkane auf (wie zuletzt 2011 vor der Insel El Hierro) und durchstießen die Wasseroberfläche, um dann die Inseln zu vergrößern. Geologen gehen davon aus, dass nur 8,5 % des Inselvolumens über den Meeresspiegel ragt. Das Inselzentrum ist dabei der jüngste Teil. Den Ursprung Teneriffas bildeten drei kleine Vulkaninseln, die vor rund 15 Millionen Jahren ihre Spitzen aus dem Meer streckten: das heutige Anagagebirge, das heutige Tenogebirge und die Zone im Süden rund um den Barranco del Infierno. Etwa 10–12 Millionen Jahre später schob sich bei tektonischen Bewe-

SEITENBLICK

Spaniens Höchster

Mit dem 3718 m hohen **Pico del Teide** besitzt Teneriffa nicht nur die höchste Erhebung der Kanarischen Inseln, sondern ganz Spaniens. Von seiner Spitze aus kann man bei ganz klarem Wetter den gesamten Archipel überblicken.

Der eindrucksvolle Teide-Natternkopf blüht ab Anfang Juni in den Cañadas

gungen die Cumbre Dorsal nach oben. Etwa gleichzeitig wuchsen an der Stelle des heutigen Nationalparks zwei mächtige Krater aus dem Meer und vereinten damit die drei Inseln. Die beiden Krater stürzten später in sich zusammen, übrig blieb der Gebirgsring, aus dessen Mitte der Teide vermutlich aus einem der alten Schlote wächst. Experten sind nach Vermessung der Kraterreste zu dem Ergebnis gekommen, dass der Ursprungsvulkan 7000 m hoch war!

Kanarenflora

In den Parks und Gärten der Inseln leuchtet eine üppige Blütenpracht. Die dortigen Pflanzen kommen jedoch nur selten aus Teneriffa, sondern aus aller Herren Länder. Die einheimische Pflanzenwelt zeigt sich überwiegend

SEITENBLICK

Endemische Pflanzen

1300 Pflanzen sind auf Teneriffa heimisch. 320 von ihnen wachsen nur auf den Kanaren, Madeira und den Kapverden, dem sog. Makaronesischen Raum.
130 gedeihen ausschließlich auf Teneriffa. Einige Pflanzen gibt es nur an ein oder zwei Stellen auf der Insel, so die besondere Vegetation des Nationalparks und ein rot blühendes Wolfsmilchgewächs › **S. 142**, das in freier Natur nur im Barranco del Infierno und im Tenogebirge vorkommt.

Buch-Tipp:

Die Kosmos Kanarenflora von Peter und Ingrid Schönfelder, Franckh-Kosmos Verlag.

Auch die exotischen Strelitzien werden auf Teneriffa gezogen

dezenter, exklusiver und gleichzeitig vielfältiger. Für die Einzigartigkeit der kanarischen Flora sorgt die isolierte Lage der Inseln. Als Inselgruppe, die nie eine Landverbindung besaß, konnten sich im Archipel Pflanzen entwickeln, die sich von denen auf den Kontinenten unterscheiden. Die letzte Eiszeit begrub Europa unter Gletschern und vernichtete die ehemals subtropische Vegetation des Tertiärs. Auf den kanarischen Inseln überlebten Farne, Lorbeerwälder und Drachenbäume.

Für Teneriffas Pflanzenvielfalt sorgen seine extremen Höhenunterschiede und seine Hauptwetterlage, der Nordostpassat. Sie schaffen ganz unterschiedliche Klima- und damit **Vegetationszonen**. Heiße Halbwüsten liegen unweit von warmen Nebelurwäldern, wohl temperierte Pinienwälder gehen in hochalpine Landschaften über. Jede Zone ist geprägt von ihrer eigenen Vegetation, mit Pflanzen, die sich an die jeweiligen Bedingungen angepasst haben.

Fauna

Teneriffas Tierwelt ist weniger artenreich. Bis auf Fledermäuse wurden alle Säugetiere eingeführt. Vögel und Echsen haben den Weg von Afrika und Europa allein gefunden. Hier wie dort gibt es Raub- und Singvögel, von denen einige Besonderheiten ausgebildet haben. Der wilde Kanarienvogel ist eher unscheinbar gelb, grau und grün und trällert auch nicht unentwegt. Wenn es im Gebüsch raschelt, tummeln sich dort wahrscheinlich flinke Eidechsen *(Lagartos)*, die ein Stück Banane oder Apfel nicht verschmähen. Ihre Verwandten, die Geckos, verlassen am Abend ihr Versteck und huschen auf Insektenfang gern die Zimmerwände hinauf. Gefährliche Begegnungen mit der Tierwelt sind auf Teneriffa auch auf einsamen Bergpfaden nicht zu erwarten: Es gibt keine Schlangen, Skorpione oder wilden Raubtiere, höchstens einmal einen verirrten Jagdhund.

Im Meer geht es bunter zu, mehr als 20 Walarten, Delfine, aber auch Mantas und Haie leben in den kanarischen Gewässern. Die Fische sieht man gern durch die Taucherbrille oder – wie Seezunge und Dorade – auch auf dem Teller.

Kunst & Kultur

Architektur

Nach der Eroberung ließen die neuen Machthaber von den damaligen Architekten Spaniens, meist getaufte Mauren, Amtsgebäude, Kirchen und Landhäuser errichten. Ihr Stil wurde so zum kanarischen Baustil. Zu seinen wichtigsten Elementen gehören dicke, in Trockenbauweise (ohne Mörtel) errichtete und verputzte Natursteinmauern. Unverputzte Mauerkanten, aufwendige Holzarbeiten an Fenstern, Türen, Decken (insbesondere in den Kirchen) sowie auffällige Balkone, meist aus dem dunklem Kiefernkernholz Tea, sind häufige Merkmale. Nahezu alle Großbauten verfügen über blumengeschmückte Innenhöfe *(Patios)*. Beispielhaft dafür sind die Häuser im historischen Zentrum von La Orotava. Edle Patios findet man auch im alten Stadtkern von La Laguna. Auch moderne öffentliche Bauten und Hotels schmücken sich heute wieder gern mit kanarischen Stilelementen.

Die für Kirchen eher schlichte Bauweise auf der Insel wird im Inneren häufig mit prunkvollen Altaraufsätzen *(Retablos)* kompensiert. In Garachicos Santa-Ana-Kirche kann man die Anfänge der tinerfenischen Retabelkunst studieren. In La Laguna und Garachico fallen auf den Klostergebäuden vergitterte Holzsöller auf. Von diesen typisch maurischen Auslugen *(Azoteas)* durften weltabgewandt lebende Mönche und Nonnen einen scheuen Blick auf das Leben der geschäftigen Straße wagen.

Im Lauf der Jahrhunderte wurden Gebäude in allen jeweils vorherrschenden Stilrichtungen errichtet. Wer ein Faible für Jugendstilgebäude hat, sollte sich in die Hauptstadt aufmachen. Im Rambla-Viertel von Santa Cruz findet man noch schöne Vertreter dieser Epoche, während im Geschäftsviertel viele historische Gebäude der Moderne weichen mussten.

Typisch kanarischer Balkon

Musikalische Folklore

Mit Rückwanderern aus Venezuela und Kuba kamen lateinamerikanische Rhythmen auf die Kanaren. Obgleich Samba, Salsa und Merengue beim Karneval und in der Fiestanacht lautstark dominieren, sind die vergleichsweise ruhigen

Stickerin bei der diffizilen Arbeit

Weisen der kanarischen Volksmusik ausgesprochen beliebt. Sie sind Teil der Identität, die stolz und selbstbewusst vorgetragen wird, ob im Familien- und Freundeskreis oder den großen und kleinen Fiestas. Die unterschiedlichen Wurzeln der Musik verraten einiges über die Herkunft der Insulaner. Unverkennbar sind melancholische portugiesische Melodien, überraschende arabische Anklänge (die den Einwanderern aus Andalusien zu verdanken sind), selbst europäische Weisen wie die Polka haben Eingang in die hiesige Musik gefunden. Der Gesang ist häufig rau und kehlig; begleitet wird vorwiegend mit Saiteninstrumenten. Das charakteristischste unter ihnen ist die viersaitige Laute *Timple;* die kleine Gitarre mit einem buckeligen Resonanzkörper wird scherzhaft auch *Camelillo* (»Kamelchen«) genannt.

Die bekannteste Volksmusikgruppe ist **Los Sabandeños** aus Punta del Hidalgo, deren CDs man in Buch- und Musikläden kaufen kann. **50 Dinge** (34) › **S. 16**.

! Erstklassig

Kunsthandwerk und Mitbringsel

La Orotava ist mit Abstand der beste Ort für den Einkauf von Kunsthandwerk und Mitbringseln. Hier hat man eine größere Auswahl als anderswo und das Herumstöbern lässt sich mit Besichtigungen verbinden, denn die Geschäfte liegen in den schönsten historischen Gebäuden der Stadt. Alljährlich Anfang September lockt auch die Kunsthandwerksmesse »Pinolere«.

- **Casa de los Balcones** [E4], C. San Francisco 3 › **S. 104**
- **Casa del Turista** [E4], gegenüber der Casa de los Balcones › **S. 104**
- **Casa Torrehermosa** [E4], C. Tomás Zerolo 27 › **S. 105**

Kunsthandwerk

Das bekannteste Handwerksprodukt sind die **Spitzendecken.** Trotz der Konkurrenz aus China werden sie heute noch auf der Insel hergestellt. Im Süden, vor allem in Vilaflor, überwiegen **Rosetas** (Sonnenspitzen) und Lochstickereien. Aus mehreren hauchzarten, in vielen Varianten gestalteten Rosetten werden Deckchen bis zu Tischplattengröße gefertigt. Der Norden, besonders La Orotava, ist für die Hohlsaumstickerei bekannt.

Im Plastikzeitalter hat es die Töpferei schwer, doch gibt es inzwischen Initiativen, die die original altkanarische Töpfertechnik (ohne Drehschreibe, in Aufbautechnik) pflegen, z. B. in Arguayo im Westen oder im Norden in Guamasa in der Werkstatt El Alfar (Antigua Ctra. General del Norte 174, Tel. 922 63 70 16, www.elalfarcanarias.com).

Dort, wo Teneriffa seinen ländlichen Charakter am deutlichsten bewahrt hat, ist noch immer die **Korbflechterei** zu Hause. Neuerdings wird in malerischen Orten wie Masca und Taganana, die Tagesausflügler anziehen, wieder verstärkt geflochten. Die niedlichen Minikörbchen fürs heimische Regal verkaufen sich gut als Souvenir. Die Produkte werden auch in den Fachgeschäften der Kooperative **Artenerife** (www.artenerife.com) verkauft.

Feste & Veranstaltungen

Eine kanarische Fiesta zieht sich über mehrere Tage und Nächte hin. Meistens gibt es für die Feierlichkeiten einen religiösen Anlass, etwa eine *Romería,* bei der eine Heiligenfigur – meist der Schutzpatron des Ortes – durch das Dorf oder die Stadt getragen wird.

Begleitet wird der Umzug von Trachtengruppen und geschmückten Wagen. Statt Kamellen werden *Papas arrugadas* mit *Mojo* › **S. 48** verteilt und Wein

Mehr Rio als Köln – der Karneval von Santa Cruz

an die Zuschauer ausgeschenkt. Auch Feuerwerksspektakel dürfen nicht fehlen. Gut besuchte Messen lassen zwar noch den sakralen Charakter der Veranstaltung erkennen, den populären Höhepunkt des Festes bilden jedoch Rummel und Tanz auf der mit bunten Wimpeln und Girlanden dekorierten Plaza. Ab Mitternacht tanzen Jung und Alt auf der Plaza Merengue, Cumbia und Salsa.

Festekalender

Januar: Am Vorabend des 6. Januar – **Einzug der Heiligen Drei Könige** in den Städten. Am nächsten Morgen gibt es die Bescherung in den Familien.

Ende Februar/Anfang März: Der **Karneval** tobt besonders in den Städten Santa Cruz und Puerto de la Cruz.

Ende März/April: In allen Orten **Umzüge in der Karwoche** *(Semana Santa)*, insbesondere am Karfreitag. Am eindrucksvollsten sind die Prozessionen in der Bischofsstadt La Laguna.

Mai: **Maifest** in Santa Cruz am Monatsanfang. Aufwendige **Romerías zu Ehren von San Isidro** (Schutzpatron der Bauern) Mitte Mai in La Orotava, Los Realejos und Granadilla. **50 Dinge** ② › **S. 12.**

Juni: **Fronleichnamsprozessionen** mit Teppichen aus Blüten und verschiedenfarbigem Vulkansand, besonders aufwendig und sehenswert in La Orotava

Juli: Zahlreiche **Feste zu Ehren des jeweiligen Ortspatrons** (z. B. in Puerto de la Cruz und La Laguna)

August: 14./15. August – **Wallfahrt zur Schutzpatronin des Archipels** in Candelaria; 16. August – **Romería de San Roque** in Garachico

September: 14. September – **Fiesta del Santísimo Cristo** in La Laguna und Tacoronte

November: 29. November – Zur **Fiesta de San Andrés** gibt es in Icod de los Vinos, Puerto de la Cruz und anderen Gemeinden jungen Wein und geröstete Kastanien.

Dezember: Am 24. Dezember **Christmette** mit Feuerwerk in allen Gemeinden; am 31. Dezember **Silvesterfeiern** mit Feuerwerken

SEITENBLICK

Lucha Canaria

Dieser bei den Einheimischen äußerst beliebte Ringkampf (es gibt Männer- und Frauenriegen) unterscheidet sich von allen anderen bekannten Ringkämpfen. Er soll auf die kanarische Urbevölkerung, die Guanchen, zurückgehen. Es treten zwei Teams von je zwölf Einzelkämpfern gegeneinander an. Ein Kampf dauert bis zu drei Runden von jeweils max. zwei Minuten, in denen der Gegner zu Boden gebracht werden muss. Gewichtsklassen gibt es dabei nicht. Der Lucha Canaria hat in der ersten Jahreshälfte Saison, als kanarischer Traditionssport sind Showkämpfe auch Bestandteil der typisch kanarischen Fiestas. Die Ringkämpfe der 1. Profiliga werden in TV2 direkt übertragen. Informationen der Federación Tinerfeña de Lucha Canaria in La Laguna: www.fdlctenerife.es.

Frauen in traditionellen Trachten bei der Romería de San Isidro in La Orotava

Essen & Trinken

Die Canarios lieben es deftig: eine dicke Suppe, würziges Fleischragout mit Kartoffeln und zum Abschluss eine süße Kalorienbombe. Doch obwohl die Inselküche alles andere als exotisch ist, geraten die wenigsten Urlauber mit ihr in Kontakt.

Die Mehrzahl der Restaurants in den Feriengebieten bietet eine vermeintlich internationale Küche (mit Pasta, Pizza und Hähnchen mit Pommes) zu knapp kalkulierten Preisen an. Die wenigen anderen setzen auf den gehobenen Geschmack mit Spezialisierung auf eine bestimmte nationale Küche und die größere Zahlungsfähigkeit. Wer echt kanarisch essen will, hat es in Puerto de la Cruz leichter als im touristisch durchorganisierten Süden und Südwesten. Gäste von dort sollten sich im Hinterland umsehen, wie es übrigens auch die Canarios tun. Am Wochenende kehren sie zur Mittagszeit mit der Großfamilie gern in *Guanchinches,* schlichte Ausflugslokale mit großen Portionen und kleinen Preisen ein. **50 Dinge ⑮ › S. 14.**

Das kanarische Sonntagsmenü

Als Vorspeise wird gern eine *Sopa* gereicht, die häufig aus einem Eintopfgericht besteht. Beliebt sind *Sopa de pollo* (Hühnersuppe), *Garbanzos* (Kichererbsen), *Rancho Canario* oder *Potaje de verdura* (Fleisch-/Gemüsesuppe). Empfehlenswert ist auch *Queso blanco,* milder, frischer Ziegenkäse mit *Jamón serrano,* luftgetrocknetem Schinken.

Hauptspeisen bestehen auf dem Lande meist aus einem würzigen Ragout aus *Conejo* (Kaninchen), *Cabrita* (Zicklein) oder *Cordero* (Lamm). *Carne*

! Erst-klassig

Restaurants mit typisch kanarischer Küche

Abseits der Touristenmassen liegen diese kleinen Restaurants.

- **Mesón Las Rejas** €€ [C9] Ausgesuchte Weinsorten und kanarische Küche abseits der Touristenströme. Die Spezialität ist Fleisch vom Holzkohlegrill. Mo–Sa 13 Bis 16 und 19–23, So 13–16 Uhr | Carretera Gen. del Sur 31 | La Camella | Arona | Tel. 922 72 08 94 **50 Dinge** ㉒ › **S. 14**
- **Taberna El Cambullón** € [J3] Beliebtes Terrassenlokal. Günstig und ideal zum Probieren sind Tapas und Miniportionen. Wenn es geschmeckt hat, kann man alle Zutaten nebenan kaufen. Mo–Sa 11–21 Uhr, So geschl. | Santa Cruz | C/ Béthencourt Alfonso 2 | www.tabernaelcambullon.com
- **La Taberna del Puerto** € [J3] Bodenständige kanarische Küche mitten in Santa Cruz › **S. 123. 50 Dinge** ⑳ › **S. 14**
- **El Templete** €€ [E9]: Hier wird die kanarische Küche kreativ und elegant abgewandelt. 13–16 Uhr, 19.30–23 Uhr, Do nachmittags und So/Mo geschlossen | El Médano | im Obergeschoss des Einkaufszentrums
- **San Diego** € [E4]: Rustikales Restaurant mit der ganzen Palette kanarischer Hausmannskost. Tgl. 12–22 Uhr | El Rincón bei Puerto de la Cruz | www.restaurantesandiego.es

de cerdo (Schweinefleisch) vom Grill ist ebenfalls beliebt. Standardbeilagen sind *Papas arrugadas,* kleine Pellkartoffeln, die langsam in Salzwasser gegart werden, bis sie eine weiße Salzkruste bekommen, **50 Dinge** ⑯ › **S. 14**. Jedes Restaurant, das etwas auf sich hält, serviert dazu seine eigene scharfe Tunke, genannt *Mojo.* Auf der Basis von Knoblauch, Paprika, Peperoni, Öl und Essig entstehen die Variationen durch Hinzufügen von Kräutern und Gewürzen. Mit Petersilie oder Koriander erhält man grünen Mojo *(Mojo verde),* mit Safran, zerstoßenem Kümmel und Chili roten Mojo *(Mojo rojo* oder *picón).* Nachspeisen müssen süß und kalorienreich sein. *Bienmesabe,* »schmeckt mir gut« heißt bezeichnenderweise eine Creme aus Mandeln, Honig, Zucker und Biskuit, **50 Dinge** ⑳ › **S. 14.** Ebenfalls eine beliebte Nachspeise ist *Príncipe de Alberto*, eine Schokoladencreme. Nach dem Essen regt ein Kaffee die Verdauung an.

Snacks für zwischendurch

Tapas sind der ideale, preiswerte Einstieg in die einheimische Küche. Sie sind keine kanarische Erfindung sondern in ganz Spanien verbreitet. Serviert werden die kleinen Zwischengerichte in Bars – eine Bar ist eher eine Familienkneipe! Aus einer Vitrine sucht der Gast die vorbereiteten Speisen aus. Beliebt sind z. B. *Boquerones* (sauer eingelegte Sardellenfilets), *Ensaladilla* (Kartoffelsalat mit Gemüse, Ei und Thunfisch), *Tortilla española* (Kartoffelomelette) und *Pulpo* (Oktopus mit Zwiebeln und Essig).

Fisch

Obwohl Teneriffa von fischreichen Gewässern umgeben ist, steht Fisch längst nicht auf jeder Speisekarte. Fisch isst man am Meer. Die Gerichte kommen meist *a la plancha*, auf der heißen Platte gebraten und mit Knoblauch und Kräutern gewürzt, mit *Papas arrugadas* und *Mojo* als Beilage auf den Teller. In vielen Fischrestaurants sucht man sich seinen Fisch am Glastresen selbst aus.

Typisch: Papas arrugadas mit Mojo

- **Lenguado:** Seezunge, in guten Restaurants immer frisch, in erstaunlicher Größe und keineswegs teurer als andere Fische. Sie wird entweder *natural* auf der Platte oder *a la meunière* in Butter und mit Kapern gebraten.
- **Atún/Bonito:** Frische Thunfischfilets schmecken *a la plancha* fast wie Kalbfleisch.
- **Cherne:** Zackenbarsch, gebraten als wunderbar zarte Filets.
- **Muräne:** Der schlangenartige Fisch wird in Stücke geschnitten und knusprig frittiert.

SEITENBLICK

Weine

Die Anstrengungen der Winzervereinigung Tacoronte-Acentejo haben sich gelohnt. 1993 wurden erstmals ausgewählte Weine in Puerto de la Cruz anlässlich einer allgemeinen Weinprobe und Verkaufsmesse der Öffentlichkeit vorgestellt. Seither haben die edlen Tropfen der Region viele Medaillen eingeheimst. Die anderen Weinbaugebiete machten es erfolgreich nach.

Die Weine von Tacoronte-Acentejo sind fast immer eine Mischung aus zwei oder drei Rebsorten. Bei den Weißweinen handelt es sich meist um eine Zusammensetzung aus *Listán Blanco, Malvasía* und *Gual*, bei den roten um eine aus *Listán Negro* und *Negramoll.* Nur der Rosé ist *Listán Negro* pur. Die Listán-Reben sorgen für Substanz und Rückgrat des Weines, die zugesetzten anderen Tröpfchen für die Geschmacksnote.

Alles über Teneriffas Weine erfährt man im herrlich gelegenen Weinmuseum **Casa del Vino La Baranda** in El Sauzal › **S. 131**.

Vulkanlandschaft im Teide-Nationalpark

TOP-TOUREN & SEHENSWERTES

DER SÜDEN

Kleine Inspiration

- **Einen Ausflug zur kleinen** Nachbarinsel La Gomera machen › S. 66
- **Lecker Fisch essen** in La Caleta › S. 53, 68
- **Mit dem Wind fliegen** beim Gleitschirmkurs in Callao Salvaje › S. 69
- **Baden und Surfen** an den hellen Natursandstränden von El Médano › S. 69
- **Eine Wanderung** zur bizarrsten Naturerscheinung der Insel, dem Paisaje Lunar, unternehmen › S. 72

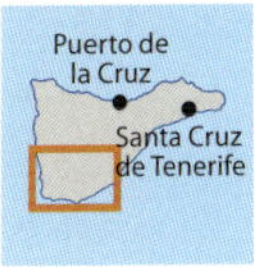

Sonnenschein, warmer Sand, sommerliche Temperaturen und ein Himmel so blau wie das Meer – diese Vorzüge machen Los Cristianos, Playa de las Américas und Costa Adeje zum Lieblingsziel der Urlauber.

Eine perfekte Infrastruktur wurde für die Feriengäste im wahrsten Sinne des Wortes aus dem Sand gestampft. Schwimmen, Surfen, Tauchen und Bootstouren gehören zu den festen Programmpunkten von Teneriffas Sonnenecke im Südwesten. Der Blick auf die Nachbarinsel Gomera, die – rund 25 km entfernt – im Dunst zu schweben scheint, ist unvergleichlich. Die Zentren von Los Cristianos und Playa de las Américas sind Mittelpunkt des Nachtlebens, wer im Urlaub Ruhe sucht, sollte sich deshalb nicht gerade dort einquartieren.

Der Passatwind trifft von Nordosten auf die Küste. Häufiger windig und deshalb ein Traumziel der Surfer ist das ehemalige Fischerdorf **El Médano** mit seinen herrlichen Naturstränden an der Südostküste. Der Fang der Fischer von **Los Abrigos** südlich von El Médano und **La Caleta** am nördlichen Rand von Costa Adeje landet in den heimischen Restaurants. Beide Orte sind daher sehr gute Adressen zum Fischessen.

Die Berglandschaft hinter den Küstensiedlungen beeindruckt mit schroffen, vulkanischen Formen. Spitze Felskegel, der 1000 m hohe, alles überragende Conde und tiefe Schluchten markieren die Landschaft.

Trockenheit und Wärme – für die Gäste aus dem kühlen Norden ein Kriterium für unbeschwerte Ferien – lassen keine üppige Vegetation zu und bieten auch keine guten Bedingungen für die Landwirtschaft. Die Mehrzahl der Einwohner ließ sich dort nieder, wo genügend Wasser Ackerbau möglich machte. In **Adeje** etwa, direkt am **Barranco del Infierno** – der Höllenschlucht, durch die noch heute ein Bach fließt – und weiter oberhalb im ruhigen Dorf **Vilaflor,** wo die Feuchtigkeit der Wolken den Terrassenfeldern zugutekommt.

Oben: Bunte kubische Häuser in La Caleta
Links: Los Cristianos ist eine Touristenstadt mit entspannter Hafenatmosphäre

Touren in der Region

Tour 1 Auf den Tafelberg Roque del Conde

Route: **Playa de las Américas › Adeje › Arona › Roque del Conde › El Refugio › Playa de las Américas**

Karte: Seite 62

Distanzen:

- 50 km und 70 Min. Fahrzeit im Pkw sowie 8 km lange, ca. 3–4 Std. Wanderung

Tour-Start:

Über die Autobahn erreichen Sie die älteste Stadt im Süden, **Adeje** 12 › **S. 70**. Auf einer Allee von Indischen Lorbeerbäumen erreichen Sie die sehenswerten Bauten aus dem 16. und 17. Jh. Danach geht es über die Autobahn zurück bis zur TF 28 und bei La Camella auf die TF 51 nach Arona. Kanarisches Ambiente finden Sie dort an der Plaza, auch hier mit herrlichen Lorbeerbäumen. Die Kirche San Antonio Abad stammt aus dem 17. Jh. Von hier geht es zum Ortsteil Venta, dem Startpunkt der Wanderung › **S. 70**. Abschluss im Restaurant El Refugio› **S. 71**.

Die exklusivsten Hotels liegen an der Playa del Duque

Tour 2 Zu den schönsten Naturstränden

Route: **Los Cristianos › El Médano › Playa de la Tejita › Los Abrigos › Los Cristianos**

Karte: Seite 62

Distanzen:

- 45 km überwiegend auf der Autopista/Autobahn, ca. 1 Std. Fahrzeit

Tour-Start:

Nach Osten wird die Landschaft trockener. In der wüstenhaften Umgebung leuchtet das Grün von drei Golfplätzen und den Apartmentanlagen der Costa de Silencio. Die zunächst felsige Küste wird flacher, die Brandung rollt auf weite Sandstrände zu. Der schönste liegt bei **El Médano** 11 › **S. 69**, ein kleiner Ferienort und Traumziel für Surfer. Ein Bummel über die Promenade bietet einen Überblick über die besten Badeplätze. Wer Lust hat, erklimmt die Montaña Roja (nur mit festen Schuhen!) oder spaziert geradeaus nach Süden durch das Naturschutzgebiet zur **Playa de la Tejita** (ca. 2 km, › **S. 69**); der Strand ist auch mit dem Pkw zu erreichen. Nach dem Strandtag schmeckt ein Fischteller in der Hafenbucht von **Los Abrigos** 10 › **S. 68.**

Für diesen Tag an der Südostküste mit ihren herrlichen Naturstränden sollte der Wind nicht zu stark aus Nordosten wehen, sonst wird der fliegende Sand lästig.

Tour 3 Kultur und Natur im Hinterland

Route: **Playa de las Américas › Chayofa › Vilaflor › Paisaje Lunar › Playa de las Américas**

Karte: Seite 62

Distanzen:

- 90 km auf Landstraßen, 2 Std. reine Fahrzeit

Tour-Start:

Bis zur TF 66 geht es über die Autobahn nach Osten. Sie steuern den **Aloe Park** an, hier können Sie sich ein Bild von Teneriffas Bananen- und Aloeanbau machen. Weiter geht es nach Norden auf die TF 28 nach Osten zum großartigen **Aussichtspunkt Centinela.** Sie verlassen die TF 66 in Granadilla nach Vilaflor 13 › **S. 71,** einem Zentrum der Landwirtschaft. Von dort können Sie eine Wanderung zum **Paisaje Lunar** › **S. 72** unternehmen oder die Straße zu einem Baumriesen hinauffahren und eine Siesta auf dem Waldrastplatz **Las Lajas** › **S. 72** halten. Zurück in Vilaflor bietet sich ein rustikales Abendessen an.

Tour 4 Besuch der kleinen Nachbarinsel

Route: **Los Cristianos › San Sebastián (La Gomera) › Hermigua › Valle Gran Rey › Garajonay › San Sebastián › Los Cristianos**

Karte: Seite 62

Distanzen:

- 135 km, ca. 3 Std. reine Fahrzeit

Tour-Start:

Unternehmen Sie eine Schiffstour und durchqueren Sie La Gomera auf einer Rundfahrt im Mietwagen › **S. 66.** Selbst mit Stopps, Spaziergängen und Kaffeepausen sind die 135 km an einem Tag gut zu schaffen. Besonders sehenswert sind die Hauptstadt **San Sebastián,** der Lorbeerwald des **Nationalparks Garajonay** in der Inselmitte, das traumhaft schöne **Valle Gran Rey** sowie die wilde Nordküste. Viele Agenturen bieten einen Tagesausflug nach Gomera mit Busrundfahrt an (ca. 65 € pro Person). Viel schöner aber ist es, die Insel individuell im Leihwagen zu entdecken. Schon ab zwei Personen lohnt sich der Paketpreis für Überfahrt und Auto.

Unterwegs im Süden

Los Cristianos 1 [C9]

Als ältester Urlaubsort im Süden hat Los Cristianos einiges an Atmosphäre bewahrt und wirkt neben Playa de las Américas und Costa Adeje schlicht, geradezu familiär und trotzdem städtischer. Es gibt ein richtiges Zentrum, mit Einkaufsstraßen neben Centros Comerciales (Einkaufszentren), Plazas neben aufgepeppten Lokalen, einfachen Bars und Restaurants, einem Kulturzentrum und einer Kirche.

Im alten Ortskern zwischen Bucht und Vulkankegel **Montaña Chayofita** hat sich ein Gemeinwesen etabliert, das sich gegen die aus dem Boden gestampften Anlagen des Massentourismus behauptet. Neben der familiären Atmosphäre hat Los Cristianos auch maritimes Flair zu bieten. Von den Molen starten mehrmals täglich Fähren nach Gomera und La Palma.

Die Strände von Los Cristianos sind die größten im Feriengebiet. Hinter dem natürlichen Sandstrand in der Hauptbucht von Los Cristianos beginnt die schön gestaltete Promenade mit Hotels, Restaurants, Geschäften und Kiosken. Neu und künstlich angelegt ist auch der sehr gepflegte, lange und breite Sandstrand **Playa de las Vistas** in der Nebenbucht. Alle Serviceeinrichtungen, Duschen und Verleihservice, Geschäfte, Restaurants und die Touristeninformation liegen ganz in der Nähe.

Info

Touristeninformationen befinden sich im Busbahnhof **Estación de Guagas** und in einem **Pavillon** an der Playa de las Vistas. Dort erhält man Landkarten, einen Ortsplan, Busfahrpläne sowie Informationen zum Freizeitangebot und die Programme der Gemeinde; tgl. 9 bis 16.30 Uhr, www.arona.org

In Los Cristianos steht das Strandleben im Mittelpunkt

Bus

Die zentrale Busstation liegt am Ortsausgang in Richtung Autobahn, an der Avenida Juan Carlos I. Gute Verbindungen in alle Richtungen.

Hotel

Kurhotel Mar y Sol €€

Die Apartments und Studios liegen auf mehrere Häuser verteilt in einer großen Gartenanlage, rund 300 m von der Meerespromenade entfernt. Das Hotel ist bekannt für seine behindertengerechte Ausstattung.

- Avenida de Amsterdam 8
  38650 Los Cristianos
  Tel. 922 75 05 40 | www.marysol.org

Restaurants

HABIBI €

Orientalisches Flair und ebensolche Küche mit viel Gemüse und Lammgerichten. Sehr sympathisch, auch an günstige Kinderteller ist gedacht.

- Di–So 12–1 Uhr | im CC San Telmo (obere Terrasse), an der Playa de las Vistas | Tel. 922 75 09 51

Rincón del Marinero €

Gutes Fischrestaurant mit vernünftigen Preisen, tgl. 12–23 Uhr.

- Paseo del Muelle | Calle El Cabezo
  Tel. 922 79 35 53

Aktivitäten

Am **Beachvolleyballplatz** der Playa de las Vistas werden regelrechte Turniere ausgetragen. Ein **Golfplatz** schmückt Los Cristianos. Dennoch findet das sportliche Urlauberprogramm v.a. im benachbarten Playa de las Américas statt. **Selbstverpfleger** freuen sich über den frischen Fisch, der an den Buden am Hafen Di–So 8–12 Uhr verkauft wird.

Zur Abwechslung abtauchen

Nightlife

Ein abendlicher Bummel über die Plaza Galdós und die Promenade, Einkehr in ein Terrassencafé und dazu noch richtig gute Open-Air-Musik genießen – gemächlich lässt sich der Urlaub in Los Cristianos an. Für eine lange Nacht sorgt der Kiez im benachbarten Playa de las Américas.

Einkaufen

Einheimisches Kunsthandwerk verkauft **Artenerife** (www.artenerife.com) im Pavillon auf der Promenade. Deutsche Bücher, auch die umfangreichste Sammlung von Fachliteratur über Teneriffa, bietet **Librería Barbara** in der Fußgängerzone. Jeden Sonntagvormittag findet neben dem Arona Gran Hotel ein **Markt** statt.

Playa de las Américas 2 [C9]

Der dynamische Ort wartet mit einer perfekten Ferienkulisse auf: breite, von Palmen gesäumte Boulevards, kilometerlange Promenaden, Restaurants und nahezu jegliches Sport- und Freizeitangebot. Die vielen Strände verlangen einem jeden Tag eine Entscheidung ab: Soll es eher ruhig oder turbulent zugehen? In jedem Ortsteil verführt mindestens ein Einkaufs- und Vergnügungscenter (*Centro Comercial*, CC) zum Shopping. Vom Hotel müssen maximal 500 m zum Meer zurückgelegt werden, es sei denn man wohnt in der Höhe im Ortsteil Torviscas Alta – aber dort entschädigt der Panoramablick für die Entfernung zum Strand. Nach Sonnenuntergang flammen die Neonlichter auf und der zweite Abschnitt des Urlaubstags kann beginnen.

SEITENBLICK

Centros Comerciales (CC)

In jedem Ortsteil liegt mindestens ein solches Dienstleistungszentrum mit Geschäften aller Art, vom Supermarkt über den Zeitungsladen bis zur Juwelieren. Außerdem sind hier – je nach Größe des CC – Restaurants, Bars, Diskotheken, Banken, Reisebüros und Leihwagenagenturen angesiedelt. Das Angebot in den einzelnen CCs unterscheidet sich nicht wesentlich, berücksichtigt aber die Nationalitäten der Gäste in der Umgebung. Deutsche Zeitungen bekommt man z. B. sicher im Ortsteil Fañabe, aber bei Weitem nicht in jedem CC im Ortsteil San Eugenio.

Playa de las Américas zieht sich als schmales Band über viele Kilometer an der Küste entlang. Sein geografisches Zentrum liegt in Höhe der Strände Playas de Troyas I und II, von dort nahm alles seinen Anfang, und in der Nähe konzentriert sich das Nachtleben.

Hotels und Apartmentanlagen, in den Anfangsjahren noch eher schlicht, übertreffen sich heute an Originalität und Luxus. Puristische Architekturkritiker und Stadtplaner mögen die Nase rümpfen über den Stilmix mit Versatzstücken aller Epochen der Geschichte: von Pyramiden über Säulengänge bis zur futuristischen Spiegelglasfassade. Typisch kanarische Bauelemente wie Holzbalkone und rote, mit Tonpfannen gedeckte Dächer sind als Dekor aber auch vertreten. Den Gästen gefällt diese Mischung ganz offensichtlich. Wer kanarische Architektur in Reinkultur sowie Land und Leute kennenlernen möchte erreicht in kurzer Zeit per Bus oder Leihwagen eine der alten Städte.

Strände

Sieben kleinere und mittelgroße, viel besuchte Strände, z. B. die Playa del Camisón (**50 Dinge** ① › S. 12) liegen vor Playa de las Américas, weitere in Richtung Norden an der Costa Adeje. Die beiden Buchten von Los Cristianos lassen sich leicht bei einem Spaziergang oder per Bus erreichen. Die meisten Strände sind künstlich mit grauem oder golde-

SPECIAL

Whalewatcher und Piraten an Bord

Leinen los zur Unterwasserbeobachtung

Delfine und mehr als 20 Walarten tummeln sich in den Gewässern der Kanarischen Inseln. Sie einmal aus der Nähe zu sehen, wünschen sich immer mehr Urlauber. Entsprechend groß ist das Angebot an Schiffsausflügen zum Whalewatching. ★ **50 Dinge** ③ › **S. 12.** Ist man erst einmal unterwegs, entdeckt man vor der Küste Teneriffas neben Walen eine Vielfalt weiterer großer wie kleiner Meeresbewohner: darunter Mantas mit einer Spannweite von bis zu 2,50 m, winzige Seepferdchen und leuchtend bunte Fischschwärme wie die des blaugrünen *Peje Verde* (Grünfisch) oder der roten *Viejas* (eine Papageienfischart). Einen Einblick ins Unterwasserleben zwischen Steilküsten und Wasserpflanzen ermöglichen die Schiffe mit Glasböden oder gar – für Mutige – ein richtiges Unterseeboot.

Das knallgelbe U-Boot von **Submarine Safari** taucht 4 × tgl. ab (10, 11, 12 und 14 Uhr). **50 Dinge** ⑪ › **S. 13.** Im neuen Jachthafen Marina San Miguel geht es los. Für 1 Std. unter Wasser zahlen Erwachsene 53, Kinder 32 Euro. Reservieren können Sie im Hafen, an der Hotelrezeption oder bei Ihrer Reiseleitung (www.submarinesafaris.com).

Wal voraus

Das große Interesse am Whalewatching setzte den Giganten des Meeres zu – Ausflugsboote fuhren mit laufendem Motor direkt in die Schulen und Ruheplätze, um ihren Gästen einen besonderen Nervenkitzel zu bieten. Stress und Desorientierung der Tiere wurden dabei in

Kauf genommen. Seit die Ruhezonen der Wale registriert und zum Meeresnaturpark erklärt wurden (mit strengen Auflagen für die Bootsführer), geht es den Walfamilien wieder besser.

Auch aus einigem Abstand lassen sich die Schwergewichte mühelos erkennen. Selbst wenn kein Wal auftauchen sollte, garantieren unterwegs Delfine die gute Laune an Bord. Ihnen bereitet es offenbar Vergnügen, die Boote zu begleiten und die Gäste mit ihren Sprüngen zu unterhalten.

Segler ahoi!

Traditionell von Wind und Wellen angetrieben – manchmal hilft ein Motor nach – kreuzen zwei Schoner vor der Westküste. Kinder haben dabei besonderen Spaß, wenn sie als Piraten verkleidet in See stechen, wie auf der **Peter Pan.** Zum 3-Stunden-Törn legt sie in Los Cristianos ab. Der Segler **Shogun** ist ab Puerto de Cólon 5 Stunden unterwegs.

Delfine zeigen, wie gute Laune geht

Bootscharter

Wer ganz privat vor den Küsten kreuzen möchte, kann Segel- oder Motorboote mit oder ohne Bootsführer in den Sporthäfen Puerto de Colón oder Los Gigantes chartern.

Freie Sicht nach unten

Alle Schiffe, die zur Beobachtung der Unterwasserwelt starten, haben Glasböden und somit freien Blick auf das Leben im Meer. Von Los Cristianos aus sind das die Katamarane **Monte Carlo** und **Lady Shelly.** Im Puerto de Cólon, in Playa de las Américas, starten die **Royal Delfin** und ihr Schwesterschiff, die **Tropical Delfin.** Je nach Dauer (2–4½ Std.) kostet der Bootsausflug 25–53 €/Pers., Kinder 12–26 € (inkl. Verpfl.); mit Badestopp vor einsamem Strand in längeren Touren. Die besten Reviere hat das **Glass Bottom Boat** (2 × tgl. ab Hafen Los Gigantes).

Hafenzubringer

Ausflugsboote laufen von allen Häfen an der Süd- und Westküste mehrmals am Tag aus; Buchung vor Ort in den Hafenbüros. Gratisbusse der größeren Reedereien garantieren die pünktliche Anreise aus allen Urlaubsorten. Die Abfahrtszeiten der Busse erfahren Sie bei der Buchung und aus Infoblättern, die bei der Touristeninformation ausliegen.

nem – aus der Sahara herübergeschafften – Sand aufgeschüttet worden und durch Molen gesichert. Die Brandung dringt nicht in die Badebuchten, das Wasser ist ruhig. Überall stehen Liegestuhl- und Sonnenschirme sowie Süßwasserduschen zur Verfügung. An fast allen Stränden von Playa de las Américas versorgen Bars, Restaurants und Läden die Urlauber. Tretboote, Wasserbobs u. a. bieten Belustigung. Besonders die Strände mit Wasserbobvermietung sind, durch das ständige Aufheulen der Scootermotoren, nicht gerade ruhig. Für Ruhesuchende eignen sich die Strände von Costa Adeje im Norden besser.

Puerto de Colón [C9]

Nobel und beschaulich zugleich ist die Stimmung im Jachthafen Puerto de Colón, es geht dort wesentlich gemächlicher zu als an den nahe gelegenen Stränden und Promenadenabschnitten. Elegante Hochseejachten liegen auf Tuchfühlung mit schnellen Sportbooten. Von hier aus starten große und kleine Segel- und Motorboote zu Ausflügen; Plätze man kann sich direkt an den Booten oder bei den Agenturen im Hafen reservieren lassen. Hier haben auch die Anbieter von Segel- und Motorbootkursen ihren Sitz.

Info

Es gibt zwei Informationsbüros:

- **Troya**, Avda. Rafael Puig 1
  Tel. 922 75 06 33 | Mo–So 10–17 Uhr
- **CC Pueblo Canario**, Avda. Rafael Puig 17 | Tel. 922 79 33 12
  Mo–Fr 9–13 Uhr

Bus

Nahezu alle Orte der Insel lassen sich von Playa de las Américas aus gut mit dem Bus erreichen. Ein Fahrplan ist am zentralen Omnibusbahnhof **Estación de Guaguas,** Avenida de los Pueblos, erhältlich. Die meisten Buslinien halten an den Hauptstraßen der einzelnen Ortsteile und lassen sich daher also auch für Strecken innerorts nutzen.
Von vielen Hotels aus starten kostenlose **Shuttlebusse** zu den Themenparks, die etwas außerhalb gelegen sind.

Hotels

Jardín Tropicál €€€
Eines der schönsten, älteren und ruhigen Hotels mit ! maurisch inspirierter Architektur.

- Calle Gran Bretaña s/n
  38660 San Eugenio/Adeje
  Tel. 922 74 60 00
  www.jardin-tropical.com

Park Club Europe €€
Klubhotel mit dem breitesten Sport- und Spielangebot, besonders geeignet für Familien und Aktive.

- Avenida Rafael Puig
  38650 Arona | Tel. 922 75 71 97
  www.europe-hotels.org

Restaurants

El Faro €€
Rustikales Ambiente und deftige, aber auch feine Speisen vom Spanferkel bis zu Meeresfrüchten.

- Parque Santiago V, nahe Playa de las Vistas | Tel. 922 75 38 27

Las Rocas Beach Club €€€
Dieses Restaurant liegt in grandioser Lage direkt am Meer und bietet sich für

ein romantisches Candle-Light-Dinner (tgl. 18–24 Uhr) an. Bekannt für seine besonders guten Meeresfrüchtegerichte und Paellas.

- Im Hotel Jardín Tropical
  38660 San Eugenio | Tel. 922 74 60 01

Aktivitäten

Im Süden findet man die besten Tauchreviere der Insel. Vor Los Cristianos liegen besonders spannende Spots, mit submarinen Schluchten, einem versunkenen Wrack, schwarzen Korallen und Muränen. **Tauchkurse,** Tauchgänge oder mehrtägige Ausflüge bietet z. B. **Aqua-Marina.**

- Oro Blanco, Local 3
  Arquitecto Gómez Cuesta 12
  Tel. 646 04 23 68
  www.aqua-marina.com

Jedes 4- und 5-Sterne-Hotel sowie vergleichbare Apartmentanlagen verfügen über **Tennisplätze.** Öffentliche Plätze gibt es z. B. beim **Club de Tenis Las Américas** auf dem Gelände des

- Hotel Conquistador
  Tel. 922 75 09 52
  www.tenislasamericas.com

Karte
S. 62

Touren im Süden

Tour 1

Auf den Tafelberg Roque del Conde

Playa de las Américas › Adeje › Arona › Roque del Conde › El Refugio › Playa de las Américas

Tour 2

Zu den schönsten Naturstränden

Los Cristianos › El Médano › Playa de la Tejita › Los Abrigos › Los Cristianos

Tour 3

Kultur und Natur im Hinterland

Playa de las Américas › Chayofa › Vilaflor › Paisaje Lunar › Vilaflor › Playa de las Américas

Beachvolleyballplätze an der Playa de las Vistas › **S. 57**

Radverleih und geführte Rad- und Wandertouren bietet **Diga-Sports**

- Avenida Rafael Puig 23, neben Hotel Park Club Europe
  Tel. 922 79 30 09
  www.diga-sports.de

! Erst-klassig

Landhotels mit Flair

- Inmitten einer Avocado-Farm liegt die im Kolonialstil eingerichtete **Finca Salamanca** [G5], Carretera Güímar – El Puertito 2 km, Tel. 922 51 45 30-31, www.hotel-fincasalamanca.com, €€
- Fein logiert man auch im **Hotel Patio,** dem alten Gutshaus der Grafen Ponte östlich von Garachico am Meer › **S. 87.**
- Absolute Entspannung bietet das **Hotel SPA Villalba** [D6] oberhalb von Spaniens höchstem Dorf Vilaflor mitten in einem Pinienwald › **S. 72.**
- In schönster Alleinlage versteckt sich das kleine Landhotel **El Nogal** [D6] in einem großen Garten nahe Vilaflor. Camino Real, La Escalona-Vilaflor, Tel. 922 72 60 09, www.hotelnogal.com, €€
- In einem restaurierten Hofkomplex befindet sich das **Hotel Rural Senderos de Abona** [E8] mit 10 Zimmern. 38600 Granadilla, Calle de la Iglesia 5, Tel. 922 77 02 00, www.senderosdeabona.es, €€

In den **Trendsport Golf** wird zurzeit am meisten investiert. Mehrere Plätze liegen unmittelbar in der Urlauberzone. Etwas weiter östlich, an der Costa de Silencio, stehen weitere Golfplätze zur Auswahl. Info zu allen Plätzen unter www.webtenerife.de

Nightlife

Bald nach Sonnenuntergang beginnt in Playa de las Américas die zweite Vergnügungshalbzeit. Entlang der Promenade im Zentrum und in den meisten CCs tobt das Nachtleben. Alle Stilrichtungen der Unterhaltungsmusik für jegliche Jahrgänge sind vertreten, von Jazz über Folk, Pop und Techno.

Discozentrum für Jugendliche sind die schlichten **CC Verónica I und II,** dort geht's aber erst ab Mitternacht richtig rund. Alternativen dazu bieten die Bars/Klubs in den großen Hotels im Zentrum, z. B. im Hotel Palm Beach, Avenida Litoral.

Monkey Beach Club

Tag und Nacht hat der Klub mit Karibikflair im Sommer geöffnet, im Winter nur bis 18 Uhr. Man kann draußen und drinnen auf Liegen lümmeln und Drinks und Exotisches vom Grill genießen. **50 Dinge** (21) › **S. 14.**

- an der Playa de Troya

Lounge Club – El Faro Chill Art

Der größte Nachtklub Teneriffas bietet in unterschiedlichen Zonen Cocktailbars und Restaurants, Disco und Livemusik.

- an der Playa Torviscas

Pirámide de Arona

Bombastischer Showpalast mit pompösen Tanzshows, Musicals, Ballett- und

Theateraufführungen. Es wird Eintritt erhoben.

- im Mare Nostrum Resort (nahe Playa de las Vistas), Tel. 922 75 75 45

Casino, Playa de las Américas, Avenida Rafael Puig Lluvina, Tel. 922 79 37 58, www.casinostenerife.com, Spielbetrieb ab 20 Uhr. Neben den klassischen Möglichkeiten, sein Geld beim Roulette zu verlieren, bieten sich einarmige Banditen an. Aufnahmeritual wie in Monte Carlo, Personalausweis oder Pass mitnehmen!

Jungle Park 3 [C9]

In diesem Park oberhalb von Los Cristianos in Richtung Arona tummeln sich Tiere aus aller Welt in Gehegen, die ihrer natürlichen Umwelt nachempfunden wurden. Hauptattraktion sind die Vögel: Bei Falknervorführungen erlegen Fischadler Beute und Kondore fliegen frei (tgl. 10–17.30 Uhr. Eintritt 23 €, Kinder bis 12 Jahre 16 €, www.aguilasjunglepark.com). Von vielen Hotels starten kostenlose Zubringerbusse zu den Themenparks, die etwas außerhalb liegen.

Siam Park 4 [C9]

Pompöser Aqua- und Freizeitpark der Superlative (u. a. größte Wasserrutsche, größter Badesee mit Riesenwelle) in thailändischem Ambiente. Torviscas Alta, direkt neben der *Autopista* (tgl. 10–18 Uhr, im Winter bis 17 Uhr. Eintritt 34 €, Kinder 3–11 Jahre 23 €, www.siampark.net).

Viele Besucher schätzen den Komfort von Ferienanlagen

Aqua Club Termal [C9]

Thermalbäder und Wasserfälle, Saunen und Massagen: Entspannung total auf 6000 m². Im Ortsteil Torvisca, Calle Galicia (tgl. 8 bis 22 Uhr. Eintritt 15–26 €, Kinder 8–15 €, www.aquaclubtermal.com).

Aloe Park 5 [D9]

Die Gärten *(Bananeras)* liegen oberhalb von Los Cristianos, an der Autobahn nach Santa Cruz (ab Ausfahrt Valle San Lorenzo beschildert). Bei einer Führung durch das Gartengelände lernt man viel über den Bananenanbau und andere exotische Pflanzen Teneriffas (tgl. 9 bis 16.30 Uhr. Eintritt 10 €, Kinder die Hälfte, www.aloepark.eu).

Die Nachbarinsel La Gomera

! Ursprünglich und idyllisch, mit den dichtesten Lorbeerwäldern und dem vielleicht schönsten Tal des Archipels, lockt Gomera, nur 25 km von Teneriffa entfernt. Weniger als eine Stunde brauchen die Fähren von Los Cristianos hinüber nach La Gomera.

Besonders sehenswert ist die kleine Hauptstadt **San Sebastián** [c2], die wilde Nordküste mit ihren verträumten Dörfern, der herrliche Lorbeerwald im **Nationalpark de Garajonay** [b1] im Inselzentrum und das zauberhafte **Valle Gran Rey** [a1–2]. Bei einer Rundfahrt › **S. 55** kann man alles ohne Hast anschauen und es bleibt noch Zeit für ein typisch kanarisches Essen.

Eine schöne Wanderung auf den **Garajonay** [b2], Gomeras höchsten Gipfel (1487 m; 40 Min. ab Parkplatz El Contadero), lässt sich auch einschieben. Alternativ lohnt sich ein Besuch des Töpferdorfes **El Cercado.**

Restaurants

Einfache, gute und preiswerte kanarische Gerichte bereiten die schlichten Dorfgasthöfe in Las Hayas (**Amparo**) und El Cercado (Restaurants **Maria** und **Victoria**). Beide Dörfer liegen auf dem Weg ins Valle Gran Rey.

Tour auf La Gomera

Tour ④

Besuch der kleinen Nachbarinsel

Los Cristianos › San Sebastián (La Gomera) › Hermigua › Valle Gran Rey › Garajonay › San Sebastián › Los Cristianos

Karte
S. 62

Das Valle Gran Rey auf La Gomera gilt als eines der schönsten Täler des Archipels

Costa Adeje 6 [C8–9]

Die dritte und jüngste Urbanisation im touristischen Süden schließt sich nördlich an Playa de las Américas an. Grenzen zwischen den Ortsteilen sind nicht auszumachen, Costa Adeje beginnt etwa am Ortsteil Fañabe und zieht sich nach Norden bis La Caleta. Das Fischerdorf wird wohl bald ganz vereinnahmt sein.

Das Gran Hotel Bahía del Duque machte den Anfang der Entwicklung: In seiner Umgebung entstand und entsteht immer noch eine Urlauberzone auf höchstem Niveau. Qualitätstourismus, für den auch die Gemeinde ihren Beitrag leisten muss – mit der Anlage der **Playas Fañabe** und **del Duque** ist dies bereits geschehen und bei La Caleta geht es weiter. Der bisher kleine, steinige Strand am Ortsrand erfuhr vor Kurzem seine Umwandlung in ein strahlend helles Badeparadies.

Zur Infrastruktur gehören neue Einkaufszentren, z. B. das CC Plaza del Duque, dessen Ausstattung mit Marmor und Edelstahl der Kategorie der umliegenden Hotels entspricht. Die neuen Hotels dienen nicht bloß als Beherbergungsbetriebe, sondern sind vielmehr Resorts mit Komplettausstattung für Urlauber: Badeseen, Spa- und Sporteinrichtungen, Freizeitprogramme, verschiedene Restaurants, Läden etc. Solche Ferienanlagen graben jedoch den örtlichen klein- und mittelständischen Betrieben wie Restaurants und Sportveranstalter das Wasser ab.

Info

Büros der **Touristeninformation**

- Playa Fañabé | Avenida Litoral
  Tel. 922 71 65 39 | Mo–Fr 10–17 Uhr
- im CC Plaza del Duque
  Tel. 922 72 63 77
  www.costa-adeje.es
  Mo–Fr 9–16 Uhr

Hotel

Gran Hotel Bahía del Duque €€€
Ganz im Stil der Wende vom 19. ins 20. Jh. gebaute und eingerichtete Luxusanlage. Das Personal trägt sogar die Tracht dieser Zeit.

- Avda. Bruselas s/n
  38660 Adeje | Tel. 922 74 69 00
  www.bahia-duque.com

Restaurant

La Torre del Mirador €€
Spanische und internationale Küche oder Kaffee und Kuchen lassen sich hier in schönem Ambiente genießen, mit Aussichtsterrasse. Tgl. 10–0.30 Uhr

- CC El Mirador, Lokal 1
  an der Playa del Duque
  Tel. 922 71 22 09

La Caleta 7 [C8]

Das saftige Grün der Bananenplantagen begleitet die Westküste. Sie beginnen hinter La Caleta und ziehen sich, nur von kleineren Fischerorten und Feriensiedlungen unterbrochen, bis zum Ferienzentrum Playa de la Arena. Im winzigen Ortskern von La Caleta in einer felsigen Minibucht ! speist man köstliche Fischgerichte. Bis vor Kurzem wirkte der Ort völlig verschlafen, nun hat auch ihn der Tourismus wach geküsst. Nicht weit vom Ortseingang stehen schon die Luxushotelanlagen von Costa Adeje. Aber in der Bucht geht es immer noch sehr geruhsam zu.

Restaurants

La Vieja €€
Neues, edles Restaurant am Hafen. Innen mit maritimem Ambiente, außen mit schönem Blick auf das Meer. Tgl. 12.30–23 Uhr.

- Edificio Terrazas de la Caleta
  Tel. 922 71 15 48

Celso €€
Im Speiseraum mit Panoramafenster wird abwechslungsreichere und anspruchsvollere Küche serviert.

- Calle El Cabezo 48 | Tel. 922 71 01 89

Bus

Ab Los Cristianos/Playa de las Américas fahren die wichtigsten Buslinien.

Der Strand von El Médano

Playa Paraíso 8 [B8]

In diesem ruhigen Badeort mit kleinem Strand und Badelandschaft ragen vier Hoteltürme aus den Apartmentanlagen und Reihenhäusern. Rechts und links davon haben Hotelketten neue Luxusherbergen errichtet.

Sport

In der hübschen Badeanlage Lago Lido an der Küste hat das **Dive Center Aquanautic** seine Basis.

- Avenida Adeje 300 | Tel. 629 55 41 72
  www.tauchen-auf-teneriffa.com

Callao Salvaje 9 [B8]

Die familiär wirkende Feriensiedlung an der felsigen Küste mit kleinem Sandstrand und Sportangebot wird überwiegend von skandinavischen Gästen besucht.

Sport

Hijos del viento – Kinder des Windes – nennen die Canarios liebevoll die Paraglider. Die Westküste ist mit ihren gleichmäßigen Winden ein ! ideales Gebiet für Gleitschirmflieger, auch für Anfänger. Kurse für Anfänger und Fortgeschrittene bietet **Parapente Club del Sur**, Edificio Esmeralda 39, Callao Salvaje, Tel. 922 78 13 57.

Los Abrigos 10 [E9]

Ein Geheimtipp für Fischgerichte ist Los Abrigos schon lange nicht mehr, aber gut essen kann man dort immer noch. Die kleinen Lokale liegen dicht beieinander an der hübschen Promenade des ansonsten wenig reizvollen Fischerdorfes.

Restaurants

La Perla del Mar €€
Das Restaurant hat die beste Lage von allen: mit Terrasse direkt auf den Felsen und freiem Blick auf das Meer.

- Calle La Marina
  Tel. 922 17 00 14

Los Abrigos €€
Das Lokal kann zwar nur mit einer kleinen Terrasse, dafür aber mit einem angenehm großen Gastraum aufwarten. Besonders groß sind hier auch die Portionen.

- Calle La Marina, neben La Perla del Mar | Tel. 922 17 02 64

Vista Mar €€
Von einer bekannten Autozeitschrift mit drei Sternen ausgezeichnet.
50 Dinge (19) › S. 14.

- Calle La Marina 32 | Tel. 922 17 01 84

El Médano 11 ★1 [E9]

Das Mekka für Wassersportler und Strandläufer ist ein kleiner, ruhiger Badeort geblieben. Sein Wahrzeichen, der Vulkankegel **Montaña Roja**, steht unter Naturschutz. Von ihm zieht sich der feine, naturbelassene Hauptstrand, von fossilen Dünen eingerahmt, über mehrere Kilometer bis in den Ort. Die bunten Segel der Surfer sind Farbtupfer auf dem Meer.

Im Osten liegt die etwas windige **Playa La Cabeza**, im Westen schließt die geschützte **Playa de la Tejita** an. Die Mehrzahl der Gäste sind Einheimische, denn viele der Apartments sind Zweitwohnungen. Promenade und Plaza passen sich dem natürlichen Stil des Ortes an. El Médano ist ein Ziel für Individualisten. Über Holzplanken erreicht man sein Lieblingsplätzchen am Strand, unter Sonnenschirmen kann man im Zentrum bei Kaffee und Eis den Tag vorüberziehen lassen.

Info

Den Informationspavillon finden Sie mitten auf der Plaza.

- Mo–Fr 9–15, Sa 9–13 Uhr
  Tel. 922 17 60 02

Bus
Viele Linien in alle Richtungen.

Hotels
Playa Sur Tenerife €€
Gutes Mittelklassehotel in bester Strandlage am beliebtesten Zugang der Wind- und Kitesurfer.
- Tel. 922 17 61 20
  www.hotelplayasurtenerife.com

Arenas del Mar €€€
4-Sterne-Hotel an der Playa La Cabeza mit Spa und Einrichtungen für Surfer.
- Avda. Europa 2 | 38612 El Médano
  Tel. 922 17 98 30
  www.knhotels.com

Restaurant
El Astillero €
Gemütliches familiäres Lokal. Neben Fisch- und Fleischgerichten leckere Reispfannen. 13–16, 19–24 Uhr, Mo geschl.
- Paseo Marcial García 2
  Tel. 922 17 82 20

Sport
Der Passatwind erreicht die Bucht mit gleichmäßiger Stärke von 3–5 Beaufort. Im Winter kann es auch mal stürmischer und böig werden (bis 7 Beaufort).

Adeje 12 [C8]

Mit einigen historischen Gebäuden und einer stimmungsvollen Hauptstraße, an der Cafés, einfache Restaurants und kleine Läden liegen, ist Adeje die schönste kanarische Stadt im Süden (44 000 Einw.).

Die sehenswerte **Kirche Santa Ursula** (16. Jh.) am oberen Ende der Hauptstraße ist ein Kleinod kanarischer Architektur mit meterdicken Natursteinmauern. Die reich strukturierte Holzdecke, im Altarraum bemalt, gilt als schönes Beispiel für den Mudéjarstil. Auf dem Altar thront eine Kopie der Virgen de la Candelaria, der Schutzpatronin von Teneriffa.

Neben der Kirche stehen das Rathaus und ein **Franziskanerkloster** aus dem 17. Jh.; Teile davon sind bereits verfallen.

Die **Casa Fuerte,** ehemals befestigter Wohnsitz des Grafen von Gomera und dem Süden von Tenerif fa, liegt am Ende der Straße, die oberhalb der Kirche nach links führt. Zuckerrohranbau und Sklavenhandel machten die Familie und die Stadt Adeje schon kurz nach ihrer Gründung reich. Vor der Ruine, die sich in Privatbesitz befindet, steht eine historische Kanone. Die steile Straße vor der Casa Fuerte führt zum **Barranco del Infierno** hinauf. Da zum Schutz der Umwelt täglich nur 300 Personen die spektakuläre Höllenschlucht begehen dürfen, sollte man unter www.barrancodelinfierno.es online reservieren. Die Schlucht ist täglich zwischen 8 und 14.30 Uhr geöffnet. Helme werden gestellt.

Auf den Tafelberg Roque del Conde [C8]

Von der Plaza in Adeje fahren Sie zurück zur zentralen Kreuzung und folgen dem Schild nach Vento, einem Ortsteil von Arona. In der Calle Vento am Haus Nr. 30 biegt der

Vilaflor ist das höchstgelegene Dorf der Insel und Tor zum Nationalpark

Weg nach links ab. Er ist kaum zu verfehlen, achten Sie auf die Markierungen: TS4 und weiße Pfeile. Zu Beginn durchqueren Sie drei relativ flache Schluchten und passieren alte Dreschplätze und aufgegebene Bauernhäuser. Dann beginnt der eigentliche Aufstieg. Nach ca. 1 Std. genießen Sie vom Südsattel einen weiten Blick über den Süden. Dann geht es steiler bergauf. Achten Sie im letzten Abschnitt gut auf die Steinmännchen und merken sich, wo Sie das Hochplateau nach knapp 2 Std. erreichen (weiße Steinmarke), genau dort beginnt auch ihr Rückweg. Das Plateau ist von einst landwirtschaftlich genutzten Terrassen durchzogen. Auf der Höhe angekommen, belohnt der **!** herrliche Blick über den Süden und Westen die Mühen des Aufstiegs.

Der Weg ist 8 km lang, 500 Höhenmeter werden überwunden, die Gehzeit beträgt ca. 3–4 Std., Kopfbedeckung, Wanderstiefel, mindestens 1,5 l Wasser und Wegzehrung sind erforderlich. Beim Abstieg auf demselbem Weg sollten Sie besonders vorsichtig sein, mit lockerem Splitt ist er rutschiger als der Aufstieg. Zur Einkehr am Ende empfiehlt sich das idyllische Restaurant El Refugio. Dafür fahren Sie die TF51 weiter hinauf und biegen vor Escalona auf die TF567 Richtung Ifonche und achten auf den Wegweiser »El Refugio«.

Restaurant

El Refugio

- Barranco del Rey | El Topo 34
  La Escalona | 38613 Vilaflor
  Tel. 922 72 58 94 | www.el-refugio.com

Vilaflor 13 [D8] und Umgebung

Seine zauberhafte Lage inmitten von Wäldern unterhalb des schroffen Gebirgsrings des Nationalparks macht Vilaflor besuchenswert. Ab Januar blühen die Mandelbäume und kurz darauf verhüllen Schlafmützchen (gelber Mohn) die Straßen- und Wegränder. Das ruhige Dorf lebt von der Landwirtschaft

(Wein und Frühkartoffeln), vom Kunsthandwerk und Mineralwasser. Die Quellen der bekannten Marken »Pinalito« und »Fuente Alta« entspringen oberhalb von Vilaflor. Die Stickereien sind berühmt.

Imposantestes Gebäude ist die **Kirche San Pedro,** ein typisch kanarischer Bau aus dem 17. Jh. Auf der meist menschenleeren Plaza stehen Matixbäume mit zarten Blättern und kleinen, rosaroten Früchten. Da sie wie schwarzer Pfeffer schmecken, werden sie auch falsche Pfefferbäume genannt. Der **Paisaje Lunar,** eine der eindrucksvollsten Naturerscheinungen der Insel, liegt oberhalb und ist durch eine längere Wanderung zu erreichen › **rechts.** Die »Mondlandschaft« besteht aus weißen, meterhohen Tuffkegeln, die aus dem Kiefernwald ragen.

Hotel

Villalba €€€

Edles Landhotel im kanarischen Stil mit Spa, 1 km außerhalb von Vilaflor, ruhige Lage am Waldrand.

- Camino San Roque s/n
  38613 Vilaflor | Tel. 922 70 99 30
  www.hotelesreveron.com

Restaurants

Mehrere einfache Landgasthäuser servieren deftige kanarische Gerichte. Nutzen Sie die Gelegenheit, *Puchero Canario,* den traditionellen Eintopf der Bauern, zu probieren.

Einkaufen

Das **Centro de Artesanía** an der Landstraße TF 21 unterhalb von Vilaflor ist ein Genossenschaftsladen spanischer Kunsthandwerker. Das Sortiment umfasst auch Arbeiten vom Festland.

Die Landstraße TF 21 zieht sich von Vilaflor bis hinauf in den Nationalpark. Aber so weit muss man für schöne Naturerlebnisse gar nicht fahren.

El Pino Gordo

Dieser dicke Baum (Stammumfang mehr als 9 m) ist mit 45 m die zweithöchste und älteste Kiefer Teneriffas. Nach einer Rechtskurve auf der rechten Straßenseite wurde oberhalb von Vilaflor ein Aussichts- und Parkplatz angelegt. Die mit 56 m höchste Kiefer weit und breit steht gegenüber.

Wanderung zum Paisaje Lunar

In der scharfen Linkskurve oberhalb des Pino Gordo verlässt der ausgeschilderte Forstweg zum Paisaje Lunar (Mondlandschaft) die TF 21. Eine Tafel informiert über den Verlauf. Der Weg weist keine besonderen Schwierigkeiten auf, wegen seiner Länge von 18 km, davon ca. 14 km auf dem Forstweg, erfordert er aber Kondition und Durchhaltevermögen. **50 Dinge** (9) › **S. 13.**

Waldrastplatz Las Lajas

Oberhalb von Vilaflor bietet dieser herrliche Rastplatz mit Grillstellen, Trinkwasser, Spiel- und Sportplatz und Picknicktischen Gelegenheit zum Siestamachen.

Winzige Weiler verstecken sich in den Schluchten des Tenogebirges

DER WESTEN

Kleine Inspiration

- **Durchs wildromantische** Tenogebirge mit grandiosen Aussichtspässen fahren › S. 81
- **Von einer Restaurantterrasse** den Blick auf Masca, Teneriffas schönstes Dorf, genießen › S. 83
- **Den Leuchtturm** an der Punta de Teno bestaunen › S. 85
- **Bummeln durch Garachico,** das einem lebendigen Museum gleicht › S. 85
- **Die wilde, einsame Nordküste** entdecken › S. 85, 87

Isla Baja, »tiefere Insel«, nennen die Menschen im Nordwestzipfel ihre Region. Den Kern bildet das wildromantische Tenogebirge, das vollständig unter Naturschutz steht.

500 m fällt die Steilküste bei **Los Gigantes** zum Meer hin ab. Ebenso dramatisch zeigen sich die Felsenschluchten im Inneren des Massivs. Palmenhaine mildern im südlichen Teil das schroffe Bild der senkrechten Wände, Lorbeerwälder bedecken die nördlichen Berghänge. Dazwischen liegen winzige, von Terrassenfeldern umgebene Dörfer, wie z. B. **Masca,** das schönste Dorf Teneriffas. Noch vor etwa 40 Jahren verfügten die Orte über keine Verbindungsstraßen. In dieser Abgeschiedenheit lebten die Einwohner Jahrhunderte lang ohne Einflüsse von außen und relativ arm vom Ertrag des steinigen Bodens und von ihren Ziegenherden.

Klippen bei Los Gigantes

In den angrenzenden Ebenen verlief die Entwicklung dagegen in großen Sprüngen. **Garachico** an der Nordküste erlebte im 16. und 17. Jh. einen wirtschaftlichen und kulturellen Aufstieg und Fall. Erhalten blieb eine historische und gleichzeitig heute sehr lebendige Stadt. Die Umgebung von Garachico könnte die Titelseite eines Teneriffa-Prospekts illustrieren: dunkelgrüne Bananenplantagen vor blauem Meer und herrliche Gutshöfe mittendrin. Abseits der populären Inselrundfahrten zeigt sich der Norden ruhig und beschaulich.

Im 20. Jh. entstand in nur zwei Jahrzehnten um den vorher nahezu bedeutungslosen Fischerhafen Puerto de Santiago am Südrand des Tenogebirges ein großes Urlaubszentrum: der Städtedrilling **Los Gigantes, Puerto de Santiago und Playa de la Arena.** Viel Sonne und Trockenheit, das touristische Wunschklima, war Voraussetzung für diesen Aufschwung. Die frische Brise, die gelegentlich über die Gebirgskämme weht, stört nicht – im Gegenteil: Sie macht die Luft klarer. Auf der nördlichen Bergseite ziehen dagegen häufiger Passatwolken auf. Über die Feuchtigkeit freuen sich dort nicht nur die Landwirte, sondern auch Naturschützer, denn der Nebelniederschlag ist eine Lebensgrundlage der Lorbeerwälder.

Touren in der Region

Tour 5 Durch das wild-romantische Tenogebirge

Route: Los Gigantes › Santiago del Teide › Degollada de Cherfe › Masca › Garachico › Los Gigantes

Karte: Seite 76

Distanzen:

- 75 km auf zum Teil sehr kurvigen Landstraßen, reine Fahrzeit 3 Std.

Tour-Start:

Diese Tour führt vom modernen **Los Gigantes 1 › S. 77** ins Tenogebirge und zum zauberhaften Masca. Zwischen Santiago del Teide und Masca sollten Sie auf dem Pass Degollada de Cherfe Halt machen – der Blick ist fantastisch. Ohnehin hat diese Route einige der schönsten Aussichtsplätze der Insel zu bieten. In **Masca 5 › S. 82** laden mehrere schöne Restaurants zu einer Mittagspause ein. Falls Sie noch ein Stück weiterfahren wollen, lohnt sich ein Stopp am Aussichtsplatz Cruz de Gilda (mit Café).

Den Abschluss des Programms bildet ein Besuch von **Garachico 8 › S. 85** mit seinen Kirchen, Klöstern und Palästen aus dem 16. und 17. Jh. Zurück geht es über El Tanque mit Zwischenstation beim Mirador de Lomo Molino.

Tour 6 Von der Küste ins Hinterland

Route: Los Gigantes › Playa de la Arena › Alcalá › San Juan › Guía de Isora › Chío › Arguayo › Los Gigantes

Karte: Seite 76

Distanzen:

- 80 km auf Landstraßen, reine Fahrzeit 2½ Std.

Tour-Start:

Diese Runde durch faszinierende, kaum bekannte Landschaften führt zum schönsten Badeplatz der Gegend und zum Hafenstädtchen **Alcalá 2 › S. 80**, das der Tourismus noch nicht vereinnahmt hat. Von **Playa de San Juan 3 › S. 80** führt die Tour nach Guía de Isora. Der Ort ist keine Schönheit, deshalb geht es gleich weiter zur Straßenkreuzung bei Chío und die TF 23 hinauf. Die Straße führt durch eine unwirkliche Traumlandschaft aus schwarzen Aschehügeln, auf denen Kanarische Kiefern gedeihen. Mittendrin liegt der Waldrastplatz Chío, mit Grillstellen und Spiel- und Sportplatz ideal für eine Siesta.

Der Rückweg führt durch ein junges Lavagebiet zum Töpferdorf **Arguayo 4 › S. 80**. Von Arguayo über **Tamaimo** geht es dann am Ende des Tages zurück.

Tour 7 Ein Tag voller Abenteuer

Route: **Los Gigantes › Santiago del Teide › Masca › Barranco de Masca › Los Gigantes**

Karte: Seite 76

Distanzen: etwa 3½ Std. Wanderung, 700 hm.

Praktische Hinweise:

- Bus von Los Gigantes bis Santiago del Teide (Linie 325, 460 oder 462), dann Umsteigen in die Linie 355 nach Masca.
- Die Bootsfahrt zurück nach Los Gigantes muss vorbestellt werden › S. 79.

Tour-Start:

Diese Tour verspricht mit einer spannenden Schluchtenwanderung und einer Schifffahrt zum Schluss viel Abwechslung. Die Wanderung durch den **Barranco de Masca › S. 83** endet an der (steinigen) Playa de Masca, wo das Boot nach Los Gigantes auf Sie wartet › **S. 79.** Mit etwas Glück kann man auf der Rückfahrt Delfine sichten.

Touren im Westen

Tour 5
Durchs wildromantische Tenogebirge
Los Gigantes › Santiago del Teide › Masca › Degollada de Cherfe › Garachico › Los Gigantes

Tour 6
Von der Küste ins Hinterland
Los Gigantes › Playa de la Arena › Alcalá › San Juan › Guía de Isora › Chío › Arguayo › Los Gigantes

Tour 7
Ein Tag voller Abenteuer
Los Gigantes › Santiago del Teide › Masca › Barranco de Masca › Los Gigantes

Tour 8
Ans Ende der Insel
Garachico › Buenavista del Norte › Teno Alto › Masca › Santiago del Teide › Garachico

Tour 8 Ans Ende der Insel

Route: Garachico › Buenavista del Norte › Teno Alto › Masca › Santiago del Teide › Garachico

Karte: Seite 76
Distanzen:
- 65 km auf kurvigen Landstraßen, reine Fahrzeit etwa 2½ Std.

Tour-Start:

Die Tour verläuft anfangs parallel zur Küste nach Westen. Von Buenavista del Norte sind Abstecher zum westlichen Inselzipfel, der **Punta de Teno** 7 › S. 85, möglich, oder man fährt gleich hinauf in das einsame **Teno Alto** 6 › S. 84.

Nächste Station ist Teneriffas schönstes Bergdorf, **Masca** ★ 5 › S. 82. Sie sollten dort unbedingt etwas Zeit für einen Bummel einplanen. Masca empfiehlt sich auch für ein kanarisches Mittagessen: Von allen Restaurants genießt man einen fantastischen Blick in die **Schlucht von Masca** › S. 83.

Mit großartigen Ausblicken geht es weiter über die Pässe des Tenogebirges nach Santiago del Teide, einem kleinen Ort in einem malerischen Hochtal. Zum Schluss steht ein Besuch des Mirador de Lomo Molino bei El Tanque mit herrlicher Aussicht über Garachico auf dem Programm.

Unterwegs im Westen

Los Gigantes 1, Puerto de Santiago, Playa de la Arena [B6]

Charakteristisch für den Küstenabschnitt **Acantilados de los Gigantes** ★ sind steile Felswände (**50 Dinge** (31) › S. 15), ein kleiner Fischerhafen und eine wunderbar weiche Sandbucht. Die Namen dreier Orte – Los Gigantes, Puerto de Santiago und Playa de la Arena – stehen für ein Feriengebiet, das landschaftliche Schönheit, eine Prise Urbanität und Strandleben miteinander vereint. Unaufdringlich und ruhig zeigt sich das Gebiet von außen, und genauso verläuft hier das Urlaubsleben.

In Los Gigantes lockt der **Puerto Deportivo**, ein ! Jachthafen mit Wassersport- und Freizeitangeboten. Im gecharterten Segel- bzw. Motorboot oder mit einem Ausflugsschiff kann man zu einem Törn entlang der Küste ablegen. Mit etwas Glück lassen sich Wale und Delfine beobachten. Etwas geruhsamer sitzt es sich auf einer der vielen Restaurantterrassen. Beim Essen in maritimer Atmosphäre kann man den Booten beim An- und Ablegemanöver zusehen.

Eine **Uferpromenade** zwischen Felsenküste und Meer verbindet die drei Ortschaften. Auf einem herrlichen Spaziergang bietet sich von überall ein weiter Blick aufs zumeist tiefblaue Meer.

Entlang des ganzen Küstenstreifens, neuerdings sogar die Steilküste hinauf, wachsen Apartmentanlagen und Hotels aus dem Boden. In Pastelltönen gestrichen, mit kanarischen Stilelementen und kaum mehr als vierstöckig stehen sie inmitten üppiger tropischer Gärten.

In den Durchgangsstraßen und im Centro Comercial von Playa de la Arena befinden sich Geschäfte und Restaurants, aber kaum Nachtklubs und Diskotheken. Szenegänger sind daher im Süden besser aufgehoben.

Info

Büro der **Touristeninformation** im CC Seguro de Sol in Playa de la Arena, Avda. Marítima, Local 34, direkt gegenüber dem Strand, 1. Stock, Tel. 922 86 03 48. Mo–Fr 8–14.30 Uhr.

Busse

Das Ferienzentrum liegt nicht im Schnittpunkt des Busverkehrs, aber mit etwas Planung lassen sich die großen Orte an der Süd- und Nordküste erreichen (Abfahrtszeiten bei der Touristeninformation). Die **Busstationen** liegen an der Carretera General, der Verbindungsstraße durch Playa de la Arena und Puerto de Santiago, sowie **oberhalb des Zentrums** von Los Gigantes.

Hotel

Barceló Santiago €€

Neunstöckiges 4-Sterne-Hotel in bevorzugter Lage mit Blick aufs Meer und die Klippen. Großer Garten, Tennisplätze und Pool.

- La Hondura 8 | 38683 Puerto de Santiago | Tel. 922 86 09 12 www.barcelosantiago.com

SEITENBLICK

Badeplätze von Süd nach Nord

Trotz der Steilküste hat das Ferientriple schöne Badegelegenheiten zu bieten:

- **Playa de la Arena:** Der von Felsen eingerahmte, gepflegte, fast schwarze und natürliche Sandstrand mit Palmen und Blumenschmuck gehört zu den schönsten Teneriffas. Die Brandung rollt manchmal heftig schäumend auf den Ufersaum. Vorsicht vor der Unterströmung!
- **Lago Santiago:** Die Badelandschaft mit Seen, Inseln, Wasserfall und Kinderspielplatz liegt zwischen den Apartments Europa und dem Hafenbecken von Puerto de Santiago.
- **Oasis:** Die etwas schlichtere Badeanlage mit Rasenflächen, großem und kleinem Pool, Kiosk und Restaurant befindet sich im Ortsteil Los Gigantes.
- **El Laguillo:** Ein künstliches Badeparadies mit Seen, Wasserfall, Insel, Kinderspielplatz, Bars und Restaurants.
- **Playa de los Guios:** Der sehr geschützte und damit kinderfreundliche Strand liegt etwas versteckt zwischen der Steilküste Los Acantilados de los Gigantes und dem Sporthafen, an dem auch Kioske und Restaurants zu finden sind.

Puerto de Santiago kann mit einem schwarzsandigen Strand aufwarten

Restaurants

Casa Pancho €€

In dem sehr schönen, großen Gartenlokal sitzt man beim Essen unter Bäumen und genießt eine variantenreiche kanarische Küche, u. a. traditionelle Reisgerichte, sowie gute Fisch- und Meeresspezialitäten. Di–So 13–16, 19.30–22.30 Uhr, Mo geschl.

- Playa de la Arena s/n
  38683 Santiago del Teide
  Tel. 922 86 13 23

Miranda's €€

Gepflegtes Lokal mit guter Auswahl an kanarischen Gerichten. Di–So 13–16, 19–22 Uhr. Mo geschl.

- Flor de Pascua 11 | 38683 Los Gigantes | Tel. 922 86 02 07

Aktivitäten

Der nördliche Hafenbereich (**Sporting Point**) ist der Treffpunkt der Aktiven. Hier gibt es alle Informationen und Reservierungen für Segel- und Tauchkurse sowie Bootscharter mit und ohne Skipper (nur mit Schein, Info unter Tel. 922 86 19 18). Im Hafen legen Motorschiffe zum Whalewatching entlang der Küste und Glasbodenboote zu Unterwasserbeobachtungen ab. Kleine, versteckte Buchten, die von Land aus kaum zu erreichen sind, werden dabei angesteuert. Die **Nashira Uno** und **Gladiator U** stoppen am Strand von Masca und nehmen nach vorheriger Anmeldung Wanderer mit zurück nach Los Gigantes (Abfahrt 13.30, 15.30 und 16.30 Uhr, Fahrpreis ca. 10 €). Reservierung in einem der Läden oder unter Tel. 922 86 19 18, 922 86 07 26, www.mascalosgigantes.com.

Nachtleben

Abends werden zwar nicht gleich die Bürgersteige hochgeklappt, aber im Vergleich zu den Touristenzentren im Süden ist es hier ruhig. Die Nachtschwärmer treffen sich in Los Gigantes rund um das Hotel Los Gigantes. Im **Green Bottle** und im **Harbour Club** hört man Jazz und Oldies live.

Aussichtsplatz im Tenogebirge am Cruz de Gilda

Alcalá 2 [B7]

In dem ! idyllischen Fischerdorf an der Westküste ist der Alltag noch beschaulich. Die zentrale Plaza zeigt die typische Bepflanzung mit Indischen Lorbeerbäumen, am Rand haben Bar und Café die Tische nach draußen gestellt. Ein paar Schritte weiter am Hafen verschwatzen die Alten den Tag, während die Kinder kreischend im Wasser toben. Hierher gelangten in der Vergangenheit nur wenige Individualisten, um abseits des Trubels ein paar ungestörte Ferientage zu verbringen. Inzwischen hat der Tourismus Alcalá entdeckt, und an den Ortsrändern entstehen die ersten großen Apartmentanlagen.

Hotel

Pensión Alcalá €

Vermietet werden große, einfache Zimmer mit Bad und ein Apartment auf der Dachterrasse. Eine originelle Bar und ein Restaurant sind im Haus.

- Calle Marruecos 2
  38686 Alcalá
  Tel. 922 86 54 57
  www.pensionalcala.com

Restaurants

Casa Mon €€

Einfaches, sehr gutes Fischrestaurant oberhalb der Plaza. 12–16, 18.30 bis 22 Uhr, Di geschl.

- Calle la Plaza 5
  Tel. 922 86 54 43

Casa Juana €

Das Traditionsrestaurant bietet jederzeit frischen Fisch. Am Grill sieht man dem Küchenchef bei der Zubereitung zu. 12–15, 20–22 Uhr, Mi geschl.

- Calle Virgen de la Candelaria 13
  Tel. 922 86 66 12

Einkaufen

Ein Kuriosum ist die **Librería Kico.** Die wohl unordentlichste Buchhandlung der Insel hat einen erstaunlich großen Bestand an Kanaren-Literatur, auch in deutscher Sprache.

Playa de San Juan 3 [B7]

Schäumend brandet das Meer an die schwarze, flache Vulkanküste. Bei einem Spaziergang auf der langen Promenade kann man den Krabbensammlern und Anglern zusehen oder in einem der Terrassenlokale einkehren. Vom Hafen des ruhigen Fischerorts starten Ausflugsboote.

Arguayo 4 [B6]

Oberhalb von Los Gigantes liegt das Töpferdorf Arguayo am südöstlichen Rand des Tenogebirges, nur über die landschaftlich sehr schöne Nebenstraße TF 375 zu erreichen. Ohne Drehscheibe, nur mit den Händen stellen die Frauen hier seit Menschengedenken Schüsseln und Töpfe her. Aufbautechnik nennt man diese Produktionsweise, bei der Tonrollen übereinander gelegt und durch Verstreichen miteinander verbunden werden. Im **Museo de Alfarería** (Töpfermuseum) am Ortsausgang Richtung Santiago del Teide werden die Arbeitsgänge vorgeführt. Eine Ausstellung zeigt die Ähnlichkeit der heutigen Formen mit Fundstücken aus der Guanchenzeit und aus Nordafrika (Di–Fr 10–13, 16–19 Uhr).

Tenogebirge [A–B5]

Die bezaubernden Bergdörfer im Tenogebirge (wie Masca und Teno Alto) sind inzwischen an das öffentliche Straßennetz angeschlossen. Bevor aber der Fortschritt in Gestalt von grauen Betonblöcken oder Hotelburgen einziehen konnte, hat die kanarische Regierung vorausschauend das Tenogebirge mehrfach unter Schutz gestellt. Die Landschaft wurde zum **Parque rural** erklärt, eine Nutzungsänderung damit ausgeschlossen. Die Dörfer, Musterbeispiele kanarisch-ländlicher Architektur, stehen alle unter Denkmalschutz.

Die tiefen Schluchten und hohen Zinnen des Massivs sind eine Alterserscheinung. Viele Millionen

! Erstklassig

Gratis entdecken

- **Der tausendjährige Drachenbaum** steht in einem Themenpark, für den man 5 bzw. 2,50 € Eintritt berappen muss. Einen fast ebenso guten aber kostenlosen Blick hat man von der oberhalb liegenden Grünanlage bei der Kirche San Marco. › **S. 108**
- **Museo de Alfarería (Töpfermuseum):** Im Bergdorf Arguayo kann man Töpferinnen bei der Arbeit über die Schulter gucken (Eintritt frei). › **links**
- **Castillo de San Cristobal** Bei Grabungen für den See auf der zentralen Plaza in Santa Cruz stießen die Arbeiter auf die Reste des Castillo. Die Räume werden heute als Museum für Stadtgeschichte mit freiem Eintritt genutzt. Mo–Sa 10–18 Uhr. › **S. 116**

Jahre brauchten Wasser, Wind und Wetter, um die markanten Gebilde zu schleifen. An den nördlichen Flanken des Tenogebirges blieb ein Stück des ursprünglichen Lorbeerwaldgürtels erhalten, weil sich in den extrem steilen Schluchten weder Landwirtschaft noch Holzeinschlag lohnte. Nur wenige Kilometer weiter südlich, in Richtung Urlauberzone, fehlt die Feuchtigkeit der Passatwolken. Deshalb können sich zwischen den nackten Felsen und Schluchten nur anspruchslose Wolfsmilchgewächse, mehrere Kakteenarten und Ginsterbüsche halten. Den landschaftlichen Reiz der Täler verstärkt der Kontrast zwischen den kargen Felsen und geschwungenen Palmwedeln.

Info

Das Besucherzentrum **Finca Los Pedregales** liegt am Ortsrand von El Palmar (ausgeschildert). Eine Ausstellung informiert über Flora, Fauna und Landwirtschaft im Tenogebirge. Außerdem bekommt man Infomaterial und Wanderbeschreibungen.

- Tel. 922 12 91 87
  Mo–Di 9–15, Mi–So 10–16 Uhr.

Bus

Die Buslinie 355 von Buenavista del Norte durch das Tenogebirge nach Santiago del Teide und zurück verkehrt täglich (wenige Abfahrtszeiten).

Einkaufen

Auf dem sonntäglichen ! Bauernmarkt (Mercadillo) auf dem Gelände der Finca Los Pedregales verkaufen die Landwirte der Region ihre Produkte.

Masca 5 ★2 [B5]

Auf drei Felsrücken liegt das Dorf über dem Abgrund der Mascaschlucht. Lomo de Masca, Masca und La Vica heißen die Ortsteile, deren Häuser im Lauf der Jahrhunderte in Eigenarbeit errichtet wurden. Als Baumaterial dienten Natursteine, die ohne Mörtel aufeinandergeschichtet sind. Die Dächer decken rote, im Ort gebrannte Lehmpfannen. Blumen und Bougainvilleen leuchten intensiv vor den dunklen Steinmauern.

Das Ortszentrum umgeben kleine Gemüseterrassen, Weinfelder und Obstgärten. Als Ausgangspunkt für Spaziergänge und Wanderungen findet man hier auch die meisten Bars und Restaurants. Masca gilt heute als das schönste Bergdorf Teneriffas. Sein guter Ruf eilt ihm voraus und beschert ihm Tagesausflügler, die die vielen Serpentinen hinunterkurven, um die unvergleichliche Lage und Schönheit zu bewundern.

Unterkunft

Genießen Sie nach Abfahrt des letzten Busses ab 17 Uhr die einsame Stille des abgelegenen Bergdorfs. In Masca gibt es günstige Ferienwohnungen und Gästezimmer, die direkt vor Ort vermietet werden (DZ ca. 35 €), etwa in der **Casa Riquelme**, Tel. 922 86 33 67 › **S. 83.** €

Casa Rural es Morro Catana €€
Zwei 150 Jahre alte kanarische Häuser wurden originalgetreu restauriert.

- Tel. 922 86 34 09
  www.morrocatana.es

Spektakuläre Ausblicke bei einer Wanderung in der Schlucht von Masca

Restaurants

Von allen Lokalen im Dorf bietet sich ein fantastischer Blick in die Schlucht. Ab 18 Uhr schließen die Restaurants.

El Guanche €€
Hier isst man auf von Blüten umrahmten Terrassen mit fantastischem Blick in die Schlucht. **50 Dinge** (26) › S. 15.

- Am Eingang zum Barranco
  Tel. 922 86 30 27

Aquí me Quedo €
Besonders lecker sind die *Carnes en Salsa,* Ziegen- oder Kaninchenfleisch aus dem Schmortopf.

- oben an der Hauptstraße

Taberna Casa Riquelme €
Herrliche Ruhe und gute Tapas bietet Riquelme auf seiner Terrasse am anderen Ende des Dorfes. **50 Dinge** (12) › S. 13.

Einkaufen

Mandeln, Honig, Feigen, Mandarinen und die safranähnlichen Samenfäden der Färberdistel u.a.m. werden am Dorfplatz und an den Aussichtspunkten angeboten. Die Frauen von Masca verkaufen außerdem selbst gefertigte Sonnenhüte und Taschen aus Palmstroh an. In Teno Alto wird köstlicher Käse hergestellt. **50 Dinge** (15) › S. 14.

Wanderung durch die Schlucht von Masca ★

Eine Tour durch den Barranco de Masca gehört zu den herrlichsten Wanderungen auf Teneriffa. Sattgrüne, sanft geschwungene Palmwedel kontrastieren mit den hohen, fast schwarzen Felswänden. Auf dem harten Schluchtgrund plätschert ein Bach, Miniwasserfälle bilden Becken, an denen Röhrich und Farne wuchern.

Alle Anbieter von geführten Tageswanderungen haben den Barranco de Masca im Programm. Die Gruppen steigen von oben durch die Schlucht und lassen sich am Strand von Booten abholen, die sie zum Puerto Deportivo nach Los Gi-

Liegt in einem Naturschutzgebiet: das Westkap Punta de Teno

gantes bringen. Den Transport können Sie auch individuell organisieren. Anfahrt mit Taxi oder Bus (Linie 355 ab Buenavista del Norte, ab Los Gigantes mehrere Linien); Rückfahrt mit dem Boot › **S. 79**. Die Wanderung ist kein Spaziergang! Sie dauert ca. 3½ Std. und beinhaltet einen Höhenunterschied von 700 m. Der Weg ist manchmal steil und rutschig, Trittsicherheit deshalb unerlässlich. Ohne feste Schuhe mit gutem Profil, Verpflegung, Wasserflasche, Kopfbedeckung und Sonnenschutz sollten Sie keinesfalls aufbrechen. Der ausgeschilderte Einstieg liegt im unteren Teil von Masca. Unterwegs ist die Richtung durch die Schlucht vorgegeben – verlaufen können Sie sich nicht, wohl aber zwischen den Felsen versteigen. Achten Sie deshalb auf Steinmännchen, die den Weg weisen. Sonntags ist die Route stark frequentiert, dann sind auch einheimische Gruppen unterwegs.

Teno Alto 6 [A5]

Abseits der Verbindungsstraße liegt das kleine Dorf Teno Alto auf der Höhe des westlichsten Gebirgszipfels. Eine Nebenstraße führt von El Palmar hinauf, vorbei am Besucherzentrum. Hier wird es merklich kühler als in Masca, Wolkenfetzen treiben über die Berge, und am Straßenrand wächst dicht und dunkelgrün der Fayal-Brezal (Baumheide und Gagelstrauch). Das stille Dorf liegt weniger exponiert als Masca. Ohne Tagesausflügler sind die Tage genussvoll still, es verbreitet sich ein Gefühl dafür, wie abgeschieden und einsam die Menschen in dieser Gegend über Jahrhunderte lebten, **50 Dinge** (15) › **S. 14**.

Restaurant

Los Bailaderos €

Die Spezialität des einzigen Restaurants im Dorf ist **!** geschmortes Ziegenfleisch mit Soße.

- Tel. 922 69 30 16

Einkaufen

Im kleinen **Laden** gegenüber dem Restaurant kann man den örtlichen Wein und Bergkäse probieren und kaufen.

Punta de Teno 7 [A5]

Nirgends leuchtet das Meer stärker in seinen Farben als an den ! roten Felsen des von einem Leuchtturm gekrönten Kaps am Nordwestzipfel der Insel. Hier liegen zwei kleine Strände – in den Sommerferien ein Lieblingsziel der Einheimischen.

Die Fahrt zum westlichsten Punkt der Insel kann sich zu einem richtigen Abenteuer entwickeln. Der letzte Straßenabschnitt der TF 445 ist häufig gesperrt, weil Teile der überhängenden Felswände nach Regenfällen herunterpoltern (keine Fahrt nach und bei Regen!).

Garachico 8 ★3 [C4]

Kontrastreich ist das Erscheinungsbild von Garachico. Auf einer tiefschwarzen, halbkreisförmigen Zunge aus Vulkanstein ragt das leuchtend weiße Städtchen in den Atlantik. Vom ebenfalls tiefschwarzen Hang hinter Garachico floss 1706 zweimal Lava hinunter und verschüttete die damals wichtigste Hafen- und Handelsstadt Teneriffas. Die verängstigten Menschen flohen vor der Armut, viele über den Ozean in die damaligen spanischen Kolonien. Trotz des schnellen Wiederaufbaus konnte Garachico nicht mehr seine frühere Bedeutung erlangen. Die Stadt wurde zu einem schönen, aber etwas verschlafenen Provinznest. **50 Dinge** (37) › **S. 16.**

Stadtbummel

Man sollte Garachico als Gesamtkunstwerk betrachten, das seine alten Bauschätze im Vorübergehen zeigt und hier und dort seine Tore öffnet. In keinem anderen Ort auf Teneriffa kann man so ungestört durch die nur Fußgängern vorbehaltenen Altstadtgassen schlendern.

An der **Plaza Glorieta de San Francisco** stehen mit der **Kirche** und dem **Kloster San Francisco** die ältesten, von der Lava verschonten Gebäude. Beide stammen noch aus dem 16. Jh. In der Klosterkirche beeindruckt besonders die Holzdecke im Mudéjarstil. Gold- und Silberschmuck passten nicht zum Armutsideal der Franziskaner. Zu den wichtigsten Kunstschätzen gehören deshalb Skulpturen, darunter eine sitzende Christusfigur.

Blick auf die Iglesia de Santa Ana in Garachico

Im ehemaligen Kloster befinden sich heute Rathaus und **Stadtmuseum.** Treten Sie ein und bewundern Sie den klassischen kanarischen Stil, den mit Palmen bestandenen Innenhof und die Galerien. Ein düsteres Kapitel beleuchtet die Ausstellung zur Stadtgeschichte vor dem Vulkanausbruch. Nicht nur Wein wurde vom Hafen verschifft – die Stadtgründer verdienten auch am »schwarzen Gold«, dem Sklavenhandel (Mo–Fr 9–19, Sa und So 9–15 Uhr).

Die restaurierte **Casa Quinta Roja** gegenüber von Kloster und Kirche beherbergt heute ein edles Hotel. Man darf den Eingangsbereich betreten, um den schönen Innenhof zu bewundern.

Die **Plaza de la Libertad** mit dem restaurierten **Palacio de los Condes de la Gomera** schließt sich direkt an. Die Plaza verdankt ihren Namen dem Befreier Südamerikas von spanischer Kolonialherrschaft, Simón Bolivar, dessen Büste an exponierter Stelle steht. Seine Vorfahren verließen die Stadt nach dem verheerenden Vulkanausbruch und wanderten nach Caracas/Venezuela aus. Der Platz, an dem es einen schmucken Getränkekiosk gibt, ist ein beliebter Treffpunkt, um Kaffee oder Wein zu trinken und eine Runde Domino zu spielen.

Die helle **Kirche Santa Ana** (neben der Plaza) mit barocken Fassadenelementen entstand im 18. Jh. als Pfarrkirche. Ihre Vorläuferin, eine der ältesten Kirchen der Insel, hatte die Lava 1706 ebenso begraben wie alle Häuser westlich des Gotteshauses. Einige der alten Kunstwerke blieben verschont: Die Figuren des Gekreuzigten am Hauptaltar (Sevilla, um 1640) sowie der hl. Anna und des hl. Joachim beiderseits davon.

An der Küste

Heute ziert ein schöner Park mit Wasserspielen die Stelle, von der aus sich einst die Lava ausbreitete. Während die Hafenanlagen und Lagerhäuser unter der Lava verschwanden, überstand das massive, Anfang des 17. Jhs. erbaute **Castillo de San Miguel** den Vulkanausbruch. Heute ist darin ein Museum mit Mineralien, Muschel- und Schneckensammlungen untergebracht (Mo–Fr 10 bis 18, Sa/So 10–14 Uhr).

Parallel zur Küstenstraße verläuft die **Calle Esteban de Ponte,** an der weitere sehenswerte Gebäude liegen. Hinter der Hausnummer 32 verbirgt sich in zwei restaurierten Stadtpalais der Familie Ponte aus dem 18. Jh. das **Hotel San Roque.** Daneben befindet sich das **Franziskanerinnenkloster** und gegenüber die **Klosterruine San Juan,** die noch auf ihre Restaurierung wartet.

Etwas abseits liegt im östlichen Stadtteil das ehemalige **Dominikanerkloster** (erbaut 1720 bis 1730), das heute zugleich als Altersheim und Museum für moderne Kunst dient. Eine Reihe von Holzbalkonen an der Fassade macht die Gebäudegruppe besonders attraktiv.

Info

Das Büro der **Touristeninformation** liegt an der Hauptstraße an der alten Mole. Neben allgemeinen Infos erhält

Badespaß ohne Chlor im Meerwasserschwimmbecken bei Garachico

man hier auch eine Broschüre über die Sehenswürdigkeiten der Altstadt.

- Tel. 922 13 34 61 | Mo–Sa 10–15 Uhr

Bus

Ab Santa Cruz: Linie 107 alle zwei Stunden; ab Puerto de la Cruz: Linie 363 stündlich

Einkaufen

Stickerinnen und Zigarrendreherinnen kann man in der Casa de los Balcones (Gebäudekomplex zwischen der Küstenstraße Avda. Tomé Cano und Calle Esteban de Ponte) bei der Arbeit zuschauen. In einem der größten Kunsthandwerkszentren Teneriffas steht Schönes und Kitschiges nebeneinander – vieles davon wird tatsächlich auf der Insel produziert. Mehrere kleine Läden für Kunsthandwerk befinden sich in der Calle Estéban Ponte.

Hotels

San Roque €€€

San Roque ist das wohl originellste Designerhotel Teneriffas: Zwei benachbarte Stadtpalais aus dem 18. Jh. wurden detailgetreu restauriert und mit neuester Technik, vielen Finessen und modernen Wohnelementen ausgestattet.

- Calle Esteban de Ponte 32
  38450 Garachico
  Tel. 922 13 34 35
  www.hotelsanroque.com

Patio €€

Auf einem ihrer schönsten Güter inmitten von Bananenplantagen hat die adelige Familie Ponte ein feudales Landhotel eröffnet.

- Finca Malpaís, El Guincho
  Etwas außerhalb in Richtung Osten
  38450 Garachico
  Tel. 922 13 32 80
  www.hotelpatio.com

Restaurant

El Caletón €€

Großes Terrassenrestaurant neben dem Castillo; mit Meeresblick, umfangreicher Speisekarte und vielen Fischgerichten.

- Avenida Tomé Cano 2
  38450 Garachico | Tel. 922 83 08 01

PUERTO DE LA CRUZ UND DER NORDEN

Kleine Inspiration

- **Baden im von Künstlerhand** gestalteten Lago Martiánez in Puerto de la Cruz › S. 93
- **Loro Parque,** den schönsten Tierpark der Insel, entdecken › S. 96
- **Waldspaziergang und Picknick** bei Aguamansa machen › S. 101
- **Bummeln und shoppen** in der Altstadt von La Orotava › S. 102
- **Maurische Atmosphäre schnuppern** bei einem Spaziergang durch San Juan de la Rambla › S. 106

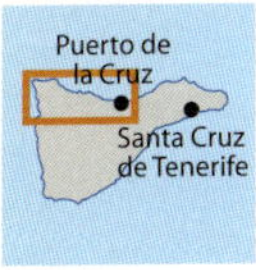

Im Norden der Insel nahm alles seinen Anfang: Nach ihrem Sieg über die Ureinwohner ließen sich vor mehr als 500 Jahren die Spanier hier nieder; die ersten Städte entstanden.

Vor mehr als 200 Jahren geriet der prominenteste Teneriffabesucher, Alexander von Humboldt, angesichts der landschaftlichen Schönheit und der Vielfalt der Pflanzen ins Schwärmen und löste damit einen Ansturm von Botanikern aus. Und vor etwas mehr als 100 Jahren verbrachten die ersten Feriengäste ihren Urlaub in Puerto de la Cruz im Hotel Taoro.

Größter Ferienort des Nordens ist **Puerto de la Cruz** mit Hotels und Apartmentanlagen in allen Kategorien. Individueller und edel wohnen Touristen in den Hotels von **La Orotava** oder in Landhäusern, Fincas und *Casas rurales* mit individuellem Charme und ländlichem Charakter.

Der Norden, insbesondere das **Orotavatal**, war immer schon das Ziel der Teneriffakenner. Hier verbinden sich in den Gipfelzonen immergrüne Kiefernwälder mit den Felsmassiven zu rauer Schönheit. Eher lieblich präsentieren sich die mittleren Lagen, mit ihren weiß getünchten Bauernhäusern zwischen Feldern und Obstgärten. In den tieferen Zonen liegen die Bananenplantagen, die ihren Besitzern früher Wohlstand bescherten, sodass sie sich schöne Haciendas leisten konnten. Überragt wird die vielfältige Landschaft vom Teide, der ihr in den Wintermonaten mit seinem weiß glitzernden Schneegipfel gleichsam die Krone aufsetzt. Nur die expandierenden Städte stören das sonst so perfekte Bild.

La Orotava ist eine Stadt der Kirchen und Klöster

Der Zuckerrohranbau machte **La Orotava** reich, **Icod de los Vinos** florierte im 16. und 17. Jh. als Zentrum des Weinanbaus. Hafenstädte wie Puerto de la Orotava, wie **Puerto de la Cruz** früher hieß, und **Garachico** waren wichtige Handelszentren. Diese alten Städte sind wahre architektonische Schmuckstücke geblieben.

Sonnenschein ist im Norden nicht garantiert: An vielen Tagen verhängen Wolken den Himmel und im Winterhalbjahr müssen Wanderer im Orotavatal mit Regen rechnen. Ganz oben im Nationalpark strahlt aber auch dann die Sonne. Der Wasserreichtum lässt Wälder und Plantagen ergrünen und macht die **Parks und Gärten** in Puerto de la Cruz und La Orotava zu subtropischen Paradiesen. Nicht immerwährender Sommer wie im Süden zieht die Gäste hierher, sondern die abwechslungsreiche Landschaft mit mildem, ausgeglichenem Klima, bezaubernde Städte mit Geschichte und Kultur und eine Umgebung mit zahlreichen schönen Ausflugszielen.

Touren in der Region

Tour 9 Superlative erleben

Route: **Puerto de la Cruz › Icod de los Vinos › Cueva del Viento › Playa de San Marcos › Puerto de la Cruz**

Karte: Seite 90
Distanzen: 65 km auf Landstraßen, reine Fahrzeit knapp 2 Std.

Tour-Start:

Wer die familientaugliche Tour mit Schulkindern unternimmt, kann evtl. **San Juan de la Rambla** 5 › **S. 106** als Auftakt auslassen, obwohl das kleine Fischerdorf mit seinen malerischen Gassen zauberhaft ist. In **Icod de los Vinos** 6 › **S. 107** wächst der bekannteste Drachenbaum der Welt – mittlerweile von einem Themenpark umgeben. Oberhalb der Stadt liegen die nicht minder eindrucksvollen Vulkanröhren und -höhlen **Cueva del Viento** › **S. 109**. An der dunklen **Playa San Marcos** 7 › **S. 109** kann man zum Abschluss der Tour entspannen und preiswert gegrillte Sardinen knabbern.

Tour 10 Für kleine und große Leute

Route: **Puerto de la Cruz › Aguamansa/La Caldera › Los Organos › Puerto de la Cruz**

Karte: Seite 90
Distanzen: 50 km auf Landstraßen, reine Fahrzeit gut 1 Std.

Tour-Start:

An diesem Ausflug haben auch kleinere Kinder ihre Freude. Zuerst geht es mit selbst mitgebrachten Würstchen zum Grillen auf den Waldrastplatz **La Caldera** › **S. 101** bei **Aguamansa,** wo auch genügend Gelegenheit zum Spielen und Austoben besteht. Am Wochenende

herrscht hier Hochbetrieb, da der Rastplatz auch bei einheimischen Ausflüglern sehr beliebt ist. Wer möchte, unternimmt von La Caldera aus nachmittags noch eine Wanderung zu den Orgelpfeifen ähnelnden Felsformationen **Los Organos** › **S. 102**. Für Kinder eignet sich am besten die kürzere Variante, ein rund zweistündiger Spaziergang.

Tour 11 Altstadtbummel

Route: **Puerto de la Cruz › San Juan de la Rambla › Los Realejos › La Orotava › Mirador de Humboldt**

Karte: Seite 90

Distanzen: 55 km auf Landstraßen, reine Fahrzeit gut 1 Std.

Tour-Start:

Altstadtbummel und Besichtigungen stehen bei dieser Tour im Mittelpunkt. **San Juan de la Rambla** 5 › **S. 106** ist ein kleines, pittoreskes Dorf, das noch nicht touristisch erschlossen wurde. In **Los Realejos** 4 › **S. 106** lohnt sich die Besichtigung der 1498 dem spanischen Nationalheiligen geweihten Kirche Santiago Apostól. Vom nahe gelegenen Rathaus genießt man einen guten Überblick über das Tal.

Die Altstadt von **La Orotava** 3 › **S. 102** ist zwar garantiert etwas voller, aber mit ihrem guten Shopping-

Touren im Norden

Tour 9
Superlative erleben
Puerto de la Cruz › Icod de los Vinos › Cueva del Viento › Playa de San Marcos › Puerto de la Cruz

Tour 10
Für kleine und große Leute
Puerto de la Cruz › Aguamansa/La Caldera › Los Organos › Puerto de la Cruz

Tour 11
Altstadtbummel
Puerto de la Cruz › San Juan de la Rambla › Los Realejos › La Orotava › Mirador de Humboldt

und Restaurantangebot das Highlight des Ausflugs. Beim Spaziergang durch die Altstadt entdeckt man Kleinode kanarischer Architektur. In der wohlverdienten Pause lassen sich Genießer in der besonderen Atmosphäre eines alten Stadthauses die kanarische Küche schmecken.

Entspannung für das Auge bietet zum Schluss der Tour der weite Blick vom **Mirador de Humboldt** › S. 102, einem Aussichtspunkt, mit dem man dem berühmten Forscher ein Denkmal gesetzt hat.

Verkehrsmittel

Alle Touren unternimmt man am praktischsten mit einem Leihwagen. So ist man unterwegs flexibel, kann jederzeit anhalten und erreicht auch abgelegenere Ziele ohne große Umstände.

Unterwegs in Puerto de la Cruz 1 [E4]

Abgekürzt »Puerto« nennen die Einwohner und Stammgäste das größte Urlauberzentrum im Norden der Insel. Es lebt zwar heute überwiegend vom Tourismus, aber selbst in der Hochsaison wohnen hier mehr Einheimische als Feriengäste. Beide Gruppen bestimmen gleichermaßen das Stadtbild und nehmen Rücksicht aufeinander. Die Urlauber tragen ihre Badehose nur am Strand, und die freundlichen Städter antworten geduldig auf Fragen in fremden Sprachen und reagieren gelassen, wenn sich bei einer Fiesta die Kameras auf sie richten.

Lago Martiánez – ein künstlicher See

Die Stadt wuchs im Lauf der Jahrhunderte zu ihrer jetzigen Größe mit knapp 34 000 Einwohnern und 28 000 Gästebetten an. Als Puerto de Orotava war sie im 17. und 18. Jh. der wichtigste Güterumschlagplatz Teneriffas. Um den Hafen herum entstanden zu dieser Zeit schöne Wohnviertel und Kirchen.

Ende des 19. Jhs. entdeckten die ersten betuchten Engländer, wie angenehm es sich hier bei frühlingshaften Temperaturen überwintern lässt. Richtig in Schwung kam der Tourismus dann ab Ende der

1950er-Jahre. Trotz so manchen Ausrutschers in Richtung Massentourismus hat sich Puerto de la Cruz weitgehend den Charakter eines traditionellen Badeorts bewahrt. Man pflegt hier einen urbaneren Stil als im Süden. Zwar sind auch neue Badeplätze in Planung, aber die Anlage von Parks, Spazier- und Wanderwegen ist genauso wichtig.

Ein Bummel über Promenaden und Plätze führt zu vielen attraktiven Punkten der Stadt, aber auch etwas abseits des Zentrums kann man auf eigenen Wegen eine Menge Sehenswertes entdecken.

Stadtbesichtigung

Wer von außerhalb kommt, sollte die Autobahnausfahrt »El Botánico« nach Puerto nehmen und der Beschilderung zum Botanischen Garten ins Zentrum folgen. Am **Mirador de la Paz** [e2] mit einer Büste von Agatha Christie in Erinnerung an ihren Aufenthalt auf Teneriffa im Jahr 1927 kann man sich zunächst einen Überblick von oben verschaffen und entweder dort parken und zu Fuß über den Treppenweg Camino de las Cabras zum Centro Comercial Martiánez gehen oder zum Einkaufszentrum weiterfahren und dort im Untergeschoss parken.

Flanieren und Baden

Das mit Glaspyramiden schön gestaltete **Centro Comercial Martiánez** Ⓐ [d2] an der Calle Aguilar y Quesada bietet gute Einkaufsmöglichkeiten und – wichtig im Zentrum von Puerto de la Cruz – eine Tiefgarage. Hier gibt es nahezu alles, schicke Modeboutiquen, den größten Supermarkt der Stadt, einen Teeladen, Vollkornbrot …

Die Palmenallee vor dem Einkaufszentrum führt abwärts zur kleinen, schwarzsandigen **Playa Martiánez**, die von Molen geschützt wird und dennoch starke Strömung aufweist. Eine autofreie Promenade verbindet den Stadtstrand mit der Avenida de Colón.

Gratisbusse fahren in der Avenida de Venezuela ab und bringen die Besucher zum **Loro Parque** › S. 96 und anderen etwas außerhalb der Stadt gelegenen Themenparks.

Seit sie für den Verkehr gesperrt und begrünt wurde, hat sich die **Avenida de Colón** [c–d1] zur beliebten Bummelmeile entwickelt. Tagsüber flanieren die Feriengäste auf dem Weg zu den Badeanlagen und zum Strand hier entlang oder genießen die Urlaubsatmosphäre auf den Caféterrassen. Abends wird die Avenida zum Laufsteg für gestylte Bummler und Discogänger.

Nachtleben

Voll wird es in den Diskotheken nicht vor 24 Uhr, auch wenn sie schon früher öffnen. In der **Blanco Bar,** Calle Blanco, gibt es Livemusik und Kleinkunst; im **Azúcar,** Calle de Obispo Perez Carceres, erklingen hingegen lateinamerikanische Rhythmen.

Rechter Hand erstrecken sich die von César Manrique entworfenen Badeseen **Lago Martiánez** Ⓑ ★

San Telmo, die Kapelle der Fischer

[d–e1] und **Lido de San Telmo** [d1]. **!** Mit heimischen Materialien wurde Natur kunstvoll konstruiert. Vom Wasser abgeschliffene Steinbrocken fanden in der Anlage ebenso Verwendung wie von der Sonne getrocknete Baumstämme. Acht Badeseen und künstliche Inseln bilden ein Ensemble, das beim Publikum ankommt (tgl. 10–17 Uhr).

Das **Casino** von Puerto de la Cruz, das früher auf der Insel im Lago Martiánez residierte, ist nun in der Avenida Cristóbal Colón 1 (tgl. 20–4 Uhr, Tel. 922 36 88 43), Station der Loro-Parque-Bimmelbahn, zu finden.

Zur Plaza de Europa [c1]

In unmittelbarer Nachbarschaft zu den Badeanlagen steht die schlichte Kapelle **San Telmo** C [d1]. Hier finden regelmäßig katholische Gottesdienste (auch auf Deutsch) statt. Das weiße Kirchlein wurde 1780 an der Stelle einer Küstenbatterie errichtet und ist dem Schutzpatron der Seeleute geweiht. Am Ende des Wegs führen Treppen zur **Punta del Viento** D [c1] mit schönem Blick nach Osten; hier bläst einem meistens der Passatwind ins Gesicht.

In Meeresnähe folgt man der Calle Santo Domingo abwärts. Das erste Gebäude zur Rechten ist ein Überbleibsel des **Exconvento de Santo Domingo** E [c1]. Das Dominikanerkloster von 1659 brannte Ende des 18. Jhs. nieder und wurde 1837 wieder aufgebaut.

Das Nachbargebäude, ebenfalls auf ehemaligem Klostergrund, ist das **Rathaus** F [c1]. Gegenüber befindet sich die **Casa Miranda** [c1], ein Patrizierhaus aus dem 18. Jh. Hinter ihm liegt der restaurierte Geschützplatz des Hafens, heute die Plaza de Europa.

Am Hafen [c1]

In Richtung Hafen wird es wieder lebendiger. Wenn die Fischerboote zurückkehren, gibt es immer etwas zu sehen und zu schnuppern. In der Gasse **Las Lonjas** [c1] liegt fast immer ein leichter Fischgeruch in der Luft. Hier betreiben die lokalen Fischer ein Restaurant in Genossenschaft: **La Cofradía** [c1]. Hier gibt es frischen Fisch mit herrlichem Ausblick auf die Hafenbucht und die **Casa de la Aduana** G [c1]. Das ehemalige Zollhaus von 1620 ist der älteste Profanbau der Stadt. Nach dem für Garachico verheerenden Vulkanausbruch von 1706 wurde hier die Zollbehörde eingerichtet. Heute befinden sich in dem restaurierten Bau die Touristinformation, eine Ausstellung des heimischen Kunsthandwerks und ein sehr schöner Kunstgewerbeladen.

Am Hafenbecken tummeln sich besonders an Feiertagen einheimische Familien zwischen den bunten Booten und zelebrieren ihr Picknick auf dem Kiesstrand.

Jenseits des Hafens erstreckt sich ein riesiges aufgelassenes Areal. Durch Deichanlagen hat man dem Ozean ein Terrain von 100 000 m² abgerungen, um den **Parque Marítimo** und einen Sporthafen zu bauen, doch Pläne und Finanzierung lassen auf sich warten. Derzeit befindet sich entlang der Mole ein großer, asphaltierter Parkplatz.

Plaza del Charco H [c2]

Vom Hafen aus gibt es einen breiten Durchlass zur Plaza. Erhöht wie auf einem Podest und mit Palmen und alten Indischen Lorbeerbäumen bestanden, ist dieser Platz Forum, Bühne und Loge in einem. Hier trifft man sich, trinkt seinen *cortado* im **Terrassencafé Dinámico** [c2] (**50 Dinge** ⑬ › **S. 13**), holt seine (deutsche) Zeitung von einem der Kioske und genießt den südlichen Alltag. Manchmal findet ein Konzert statt, die Winzervereinigung lädt zu einer Weinverkostung ein oder eine Rallye umkreist das Karree. Einige der typisch kanarischen Gebäude an der Westseite des Platzes beherbergen gastronomische Betriebe.

Wenn man die Plaza an der Nordwestseite verlässt, gelangt man in das zum Teil noch in seiner ursprünglichen Bausubstanz erhaltene Fischerviertel **La Ranilla** [c1] (»das Fröschlein«) mit engen Gassen und kleinen Häusern. Hier findet man die größte Restaurantdichte und kann einen netten Spaziergang durch die hübsch gestaltete Fußgängerzone **Calle del Lomo** [b1] unternehmen.

Zum Castillo San Felipe und zur Playa Jardín [a2]

Mitten im Viertel hat sich das **Museo Arqueológico Municipal** (Archäologisches Museum) I [b1–2] in einem kanarischen Herrenhaus aus dem 19. Jh. eingerichtet. Es bietet vor allen Dingen eine Einführung in das Töpferhandwerk der Guanchen anhand entsprechender Fundstücke (Calle del Lomo 9A, Tel. 922 37 14 65; Di–Sa 10–13 und 17 bis 21, So 10–13 Uhr).

Nach der Durchquerung von La Ranilla folgen Neubauten, ein Fuß-

Castillo de San Felipe

ballplatz und ein Schwimmbad. Gleich dahinter steht das kleine **Castillo San Felipe** J [a2] aus dem 17. Jh. Kanonen auf dem kleinen Platz davor erinnern noch an seine einstige Bestimmung. Das Kastell ist gegenwärtig ein Kulturzentrum, in dem Kunstausstellungen und Musikveranstaltungen stattfinden.

Es schließt sich das lang gezogene Areal der **Playa Jardín** K an. Auch an ihrer Gestaltung hat César Manrique mitgewirkt. Vom Meeresboden hat man Sand heraufgeholt und seinen Bestand mit Wellenbrechern vor der Küste abgesichert. Im oberen Strandbereich wurde ein Park angelegt, der sich mit typischen Pflanzen des Archipels, Musikpavillon, Restaurants, Strandbars (**50 Dinge** ⑭ › **S. 13**) und Flanierwegen großer Beliebtheit erfreut.

Die schwarz glänzenden Felsbrocken in der Brandung geben dem Ortsteil **Punta Brava** auf einer Landzunge westlich der Playa Jardín seinen unverwechselbar eigenen Reiz. Oberhalb von Punta Brava erwartet den Urlauber ein Besuchermagnet, der Loro Parque.

Loro Parque L ★4

Bunter, spannender und exotischer ist kein Freizeitpark, dazu noch ökologisch unbedenklich und für seine artgerechte Tierhaltung und die Aufzucht vom Aussterben bedrohter Vogelarten ausgezeichnet. 300 Papageienarten flattern im Parkgelände, die sensibelsten unge-

stört und abgeschirmt vom Besucherstrom. Solche Extravaganzen kann der Loro Park sich leisten, denn er bietet mehr als genug für ein volles Tagesprogramm. Zu den Loros haben sich Tiere aus aller Welt gesellt: Affen – sogar eine Gorillagruppe –, Krokodile, Seelöwen und Delfine. Letztere führen in täglichen Shows ihr Können vor. Da sie ausreichend gute Lebensbedingungen vorfinden, gelang es bereits mehrmals, hier geborene Delfinbabys großzuziehen.

Zu den Attraktionen des Meeres zählen das Aquarium, durch das man in einem Glastunnel wandelt, der »Planet Penguin«, in dem bei antarktischen Temperaturen über 150 Pinguine leben, und die Orcas.

Der Park ist ! wie ein tropischer Garten angelegt, ein thailändisches Dorf und ein afrikanischer Markt schaffen zusätzlich Flair. Beginnen Sie den Besuch unbedingt am Vormittag, sonst reicht die Zeit für das vielfältige Angebot nicht! (Tgl. 8.30–18.45 Uhr, Eintritt 34 €, Kinder 23 €, bis 11 Jahre frei, kostenlose An- und Abfahrt mit der parkeigenen Bimmelbahn ab Avenida de Colón.)

Um die Calle Quintana [c1]

Vom Loro Parque fährt eine Bimmelbahn zum Ausgangspunkt. Wer mag, steigt in der Nähe der **Plaza del Charco** [c2] aus und geht von dort aus durch die verkehrs-

Im Parque Taoro

beruhigte Quintana zurück zur Meerespromenade. Dabei gelangt man über ein paar Stufenfolgen hinauf zu einem kleinen Platz mit einer gepflegten Anlage.

Gegenüber liegen linker Hand die Einsiedelei **San Juan** und die Kirche **San Francisco** Ⓜ [c1]. Insbesondere am Abend bei künstlichem Licht erstrahlt die Innenausstattung des Gotteshauses in edlem Glanz. Die Klause ist neben San Amaro im Stadtteil La Paz der älteste Sakralbau von Puerto de la Cruz. Sie wurde um 1600 Johannes dem Täufer geweiht. Wer auf der Calle San Juan einen Abstecher nach Süden macht, entdeckt an der Kreuzung mit der Calle Iriarte ein gut erhaltenes Haus aus dem 18. Jh., die **Casa Iriarte** Ⓝ [d2]. Hier wurde Don Tomás de Iriarte (1750–91), vielleicht der bekannteste einheimische Erzähler, geboren. Heute wird das Haus als Stickereimuseum und zum Verkauf von Stickereien genutzt.

In der Nähe steht noch ein Turm, der zum **Palacio Ventoso** gehört. Er ist der letzte seiner Art. Früher hatte jedes Handelshaus einen solchen Auslug, denn wer ein Schiff sichtete und vor allen anderen am Hafen erschien, durfte als Erster mit dem Kapitän über Geschäfte verhandeln. Die Pfarrkirche von Puerto, die **Iglesia Nuestra Señora de la Peña de Francia** Ⓞ [c2], erhebt sich auf einem Platz an der Calle Quintana. Im Inneren ist eine der pathetischsten Schmerzensmadonnen Spaniens zu bewundern. Schöpfer dieser *Virgen de los Dolores* ist José Luján Pérez aus Gran Canaria.

Am Ende der Quintana stößt man auf die Uferpromenade, die zum Anfangspunkt zurückführt.

Abseits des Zentrums

Oberhalb des Ortskerns liegt der reizvolle **Parque Taoro** Ⓟ. An Wasserspielen und Fliesenbildern vorbei spaziert man zum über 120 Jahre alten ehemaligen Kurhotel, in dem bis 2005 das Casino untergebracht war. Nach einem umfassenden Umbau soll hier wieder ein Nobelhotel einziehen. Erholung verspricht die schöne Anlage des Orchideengartens **Sitío Litre** Ⓡ.

Zum Spaziergang im Schatten mächtiger Bäume lädt der weltberühmte **Jardín Botánico** Ⓠ oberhalb des Viertels La Paz ein. Er wurde im Jahr 1788 auf Geheiß des Königs Carlos III. angelegt, um Tropenpflanzen allmählich an eine kühlere Witterung, wie sie an den Orten der königlichen Residenzen in Zentralspanien im Winter herrschte, zu gewöhnen. Das Experiment misslang, die in Puerto gedeihenden Pflanzen verkümmerten auf dem Kontinent. Der Garten blieb bis heute erhalten. Bei über 3000 Exoten lohnt es sich, ein Bestimmungsbuch mitzubringen (tgl. 9–19, im Winter bis 18 Uhr).

Info

Touristeninformation in der Casa de la Aduana am Hafen, Mo–Fr 9–20 Uhr Sa/So 9–14 Uhr, Tel. 922 38 87 77

Busse

Der Busbahnhof in der Calle El Pozo ist wegen Einsturzgefahr geschlossen, die Busse fahren vorübergehend in der Avenida Hermanos Fernández Perdigón ab. Verbindungen in alle Richtungen.

Hotels

Hotel Tigaiga €€€ [c3]
Gediegener Komfort im Traditionshotel unter deutscher Leitung. Hervorragend gepflegter botanischer Garten.

- Taoro Parque 28
  38400 Puerto de la Cruz
  Tel. 922 38 35 00 | www.tigaiga.com

Hotel San Borondón €€ [a2]
Sympathisches Hotel mit geräumigen Doppelzimmern wenige Gehminuten zur Plaza del Charco.

- Calle Agustín Espinosa 2
  38400 Puerto de la Cruz
  Tel. 922 38 33 13
  www.hotelsanborondon.com

Marquesa €€ [c1]
In dem historischen Bau in der Fußgängerzone hat Alexander von Humboldt 1799 übernachtet. Um den Patio gruppieren sich komfortable Zimmer. Terrassencafé zur Straße.

- Calle Quintana 11
  38400 Puerto de la Cruz
  Tel. 922 38 31 51
  www.hotelmarquesa.com

Puerto Azul € [b1]
Ruhiges, einfaches und familiäres Hotel im alten Fischerviertel.

- Calle el Lomo 24
  38400 Puerto de la Cruz
  Tel. 922 38 32 13
  www.puerto-azul.com

SEITENBLICK

Fiestazeit

Die Bewohner von Puerto feiern ihre Feste für sich und nicht als Showveranstaltung für die Touristen. Zusätzlich zu den Terminen des allgemeinen Festkalenders › **S. 46** werden hier zwei Höhepunkte im Jahr besonders begangen:

- **23./24. Juni, Fiesta de San Juan:** Am Nachmittag werden die Ziegen im Hafen gewaschen: ein irrer Spaß. Abends freies Livekonzert an der Playa Jardín. Springen über Lagerfeuer *(hogueras)* und Tauchen durch sieben Wellen um Mitternacht ist Brauch zur Sommersonnenwende.
- **16. Juli, Namenstag der hl. Carmen:** Zu Ehren der Schutzpatronin der Fischer laufen geschmückte Boote vom Hafen zu einer Prozession aus und versenken Gaben ins Meer. Den Abschluss bildet ein Feuerwerk.

Restaurants

Régulo €€ [b1]
Hier genießt man vorzügliche kanarische Küche in einem historischen Stadthaus. Mo–Sa 12.30–15, 18.30–23 Uhr, So und Mi mittags geschl.
• Calle de Pérez Zamona 16
Tel. 922 38 45 06
www.restauranteregulo.com

Restaurante El Caldoso €
Gepflegter Gastraum und romantische Terrasse an einem Minihafen in Punta Brava gelegen. ! Spezialität sind Reisgerichte und Meeresfrüchte. Tgl. außer Freitag 12–22 Uhr.
• Calle Acaimo 7 | Tel. 922 38 90 18

Nachtleben

Die Diskotheken **Joy** und **Vampis,** beide im Straßeneck Avenida Colón/Avenida Familia Betancourt y Molina, legen internationale Popmusik auf. **Nooctua,** die größte Disco mit verschiedenen Musikrichtungen, liegt auf einer Finca im Industriegebiet an der Autobahn, Polígono San Jerónimo in La Orotava. Das **Abaco** [c3], Calle Casa Grande, Urb. El Durazno, lädt am Wochenende zu klassischer Musik in seiner Pianobar ein. Konzerte So 19.30 Uhr. Die Konzertreihe **Ciclos de Buena Música** [d2] im Centro Astoria Bambi hat sich zur festen Einrichtung gemausert; klassische und moderne Konzerte Sa 20.30, So 18 Uhr, Calle Enrique Talg 15 oder Eingang Calle La Hoya 60, www.rosamariafuentes.com

Strände in der Umgebung [E8]

Einer der ! herrlichsten großen Naturstrände ist die **Playa del Bollullo.** Sie liegt in schöner Umgebung ca. 4 km östlich von Puerto de la Cruz. Eine Straße und ein Wanderweg führen dorthin. Der feine, dunkle Sandstrand ist vor allem im Sommer und an Wochenenden viel besucht.

Die **Playa Los Patos** und **Playa del Ancón** schließen sich östlich an die Playa del Bollullo an. Sie sind bisher nicht für Urlauber hergerichtet worden. Der Weg ist beschwerlich und teils gefährlich.

Die **Playa El Socorro** liegt westlich von Puerto de la Cruz. Diesen Strand bevorzugen Wellenreiter, er ist aber auch bei einheimischen Badegästen beliebt. Nehmen Sie sich beim Baden vor der Unterströmung in Acht!

Unterwegs im Norden

Das Orotavatal [E4]

Das breite Orotavatal gilt als lieblichste Landschaft Teneriffas und an ihrer schönsten Stelle liegt die Stadt La Orotava. Das Leben in den Dörfern verläuft immer noch ruhig, vollkommen unbeeinflusst vom Tourismus an der Küste. Oberhalb von La Orotava erstrecken sich Terrassenfelder und Obstbaumplantagen. Ab etwa 900 m Höhe bestimmen Mischwälder aus Kanarischen Kiefern, Baumheide und Gagelbaum das Landschaftsbild. Noch weiter oben, in der Umgebung des Nationalparks, beginnt die jungvulkanische Zone mit auffällig geformten Felsmassiven und den ersten Aschefeldern.

Im Orotavatal finden Wanderer schöne Wege, die gut markiert sind. Ausgangspunkt vieler Touren ist die Station der Naturparkverwaltung in **Aguamansa** 2 auf etwa 1100 m Höhe. Hier gibt es einen Lehrgarten und eine Musterforellenzucht mit Fischteichen. Die Wanderwege führen das Tal hinunter bis an die Küste oder hinauf zum Nationalpark; ein Höhenweg verläuft dem Berghang entlang. Alle lokalen Veranstalter haben Wanderungen im Orotavatal im Programm.

Wie überall im Norden besteht die Möglichkeit, dass hereinziehende Wolken das Orotavatal in Nebel hüllen. Dann empfiehlt es sich, in Richtung Sonne – zur Küste – zu wandern oder in den höher gelegenen Nationalpark auszuweichen, der fast immer über den Wolken liegt.

Picknickplätze

Längs der Straßen und Wege im Orotavatal ! laden mehrere Picknickplätze zu einer Rast ein. An den Wochenenden sind sie beliebte Ausflugsziele spanischer Familien.

Das Naherholungsgebiet **La Caldera** liegt in einem erloschenen Vulkankrater etwa 1 km oberhalb von Aguamansa mit Grillstellen, Wasser und Spielplatz. Ein einfaches Ausflugslokal am Rand der Caldera bereitet komplette Mahlzeiten zu, u. a. Ziegenfleisch und *Escaldón de Gofio* (dicke Suppe). Gegessen wird an rustikalen Holztischen.

Aguamansa und La Caldera erreichen Sie stündlich mit der Buslinie 345 (ab Puerto de la Cruz).

Panoramaweg über dem Orotavatal

Diese mittelschwere Wanderung auf einem Höhenweg ist 15 km lang und dauert rund 5 Std. Bei den Auf- und Abstiegen müssen etwa 600 m überwunden werden. Im mittleren Teil geht es auf einem schmalen Pfad den Hang entlang; auf diesem Abschnitt sind Trittsicherheit und Schwindelfreiheit erforderlich.

Die Tour beginnt an der Bushaltestelle/Parkplatz **La Caldera.** Gehen Sie die Straße ein Stück zurück und dann nicht in Richtung Landstraße, sondern geradeaus auf dem Forstweg weiter (Ausschilderung »Los Organos«). Nach ca. 15 Min. kreuzt der **Camino Candelaria,** ein Pilger-

Blick übers Orotavatal zum Teide

pfad, den Forstweg. Auf ihm geht es ca. 45 Min. bergauf, dann ist der Höhenweg bei einer Weggabelung erreicht; halten Sie sich links. Erst geht es kurz leicht bergab, danach eben und später beständig leicht bergauf. Während der nächsten zwei Stunden genießen Sie unterwegs ! fantastische Ausblicke auf das Orotavatal, über das Meer auf die Insel La Palma und auf den Teide. Nach einem längeren, leichten Anstieg erreichen Sie eine dicke Kiefer, in deren Rinde die Zahl 11 geschnitzt ist. Hier biegen Sie auf einen abwärts führenden, mit Steinmännchen markierten Pfad ab (Achtung: Rutschgefahr!). Er stößt auf einen breiten Waldweg, in den Sie nach links einbiegen. Nach etwa 30 Min. erreicht man in Höhe des Rastplatzes **El Tope** den Forstweg vom Anfang der Tour. Hier biegen Sie links ein und gelangen nach etwa 1 Std. zurück zum Ausgangspunkt.

Für Spaziergänger bietet sich eine **kürzere Variante** von etwa 8 km bzw. 2 Std. an: Sie wählen ebenfalls den mit »Los Organos« ausgeschilderten Forstweg.

Als **Los Organos** – die Orgelpfeifen – wird eine markante Wand mit ausgewaschenen Felspfeilern bezeichnet, die Sie unterwegs passieren. Nach etwa einer Stunde Wanderung auf dem Forstweg ist der Rastplatz El Tope erreicht. Zurück geht es auf demselben Weg.

Mirador de Humboldt

Der Ort, der an Alexander von Humboldts Besuch im Jahr 1799 auf Teneriffa erinnert, wurde zu einem Aussichtsplatz mit einer Skulptur des deutschen Naturforschers ausgebaut. Von hier hat man einen spektakulären Blick auf das Orotavatal. Leider ist das zum Mirador gehörende Restaurant geschlossen. Der Mirador liegt an der alten Straße TF 21, La Orotava–Santa Ursula.

La Orotava 3 ★5 [E4]

La Orotava zählt zu den ältesten Städten Teneriffas und liegt am ! schönsten Platz im fruchtbaren Orotavatal. Bedingt durch die Hanglage haben ihre Bewohner von fast jedem Haus und jeder Plaza einen freien Blick auf Küste und Meer. Bald nach der Eroberung ließen sich hier zwölf Adelsfamilien nieder. Um ihre Gutshöfe entstand die heutige Altstadt, die seither *Doce Casas*, zwölf Häuser, genannt wird. Sie gehört gemeinsam mit der Universitätsstadt La Laguna und dem früheren Handelszentrum Garachico zu den architektonischen Prachtstücken der kanarischen Inseln. Selbstverständlich steht die Altstadt unter Denkmalschutz. Kanarischer Baustil bestimmt ihren Charakter, in den vergangenen Jahrhunderten entstanden daneben aber auch Gebäude anderer Stilrichtungen.

Altstadtbummel

Das Büro der Touristeninformation liegt am Zugang zur Altstadt und zur Plaza de la Constitución, es eignet sich deshalb gut als Ausgangspunkt. Dort gibt es einen kostenlosen Stadtplan und Infomaterial über die historischen Gebäude.

Das ehemalige Gymnasium Liceo de Taoro beherbergt heute ein edles Restaurant

Plaza de la Constitución und Umgebung

Wie eine Terrasse ist die Plaza de la Constitución an den Hang gebaut und bietet so eine Panoramasicht auf das Tal bis zur Küste. Eingerahmt wird der Platz von der Carrera Escultor Estévez, der Calle San Agustín mit der gleichnamigen Kirche und dem Kloster San Agustín. Rechts davon liegt am Ende einer von Blumenrabatten gesäumten Treppe der klassizistische Bau des **Liceo de Taoro.** Er wird heute für Konzerte und als (empfehlenswertes) Restaurant genutzt › **105.**

Die **Kirche** und das **Kloster San Agustín** sind beides typisch kanarische Bauten mit Portalen aus dunklem, verzierten Vulkanstein. Der Komplex entstand zu Beginn des 17. Jhs. Auch im Inneren setzt sich die traditionelle kanarische Bauweise fort. Die Decke der dreischiffigen Kirche weist mit Kassetten geschmückte, typische Mudéjarmuster auf, der vergoldete Altar ist reinstes Inselbarock. Im ehemaligen Kloster, heute Hochschule für Musik und bildende Kunst, ist der Innenhof mit umlaufenden Kreuzgängen im öffentlich zugänglichen Bereich sehenswert.

An der Carrera del Escultor Estévez, die unterhalb der Plaza beginnt, steht nicht nur das **Geburtshaus des Bildhauers Estévez,** sondern auch das spätklassizistische **Rathaus.** Auf dem Rathausvorplatz und in den umliegenden Straßen werden zu den Fronleichnamsfeierlichkeiten in tagelanger Arbeit Bildteppiche mit religiösen Motiven aus pastellfarbenem Vulkansand und Blüten ausgelegt. **50 Dinge (33) › S. 16.**

Wenige Schritte weiter rechts, über die Calle Tomás Pérez, steht die Hauptkirche **Nuestra Señora de la Concepción.** Sie wurde nach der Zerstörung ihrer Vorgängerin durch ein Erdbeben 1704/05 im barocken Stil mit einer seltenen dreidimensionalen Front gebaut. Ihre beiden Türme und die Kuppel überragen das gesamte Stadtbild. Im Inneren des düsteren Gotteshauses zeugen zahlreiche Altarretabeln von der kanarischen Schnitzkunst. Auch Luján Pérez und Fernando Estévez sind mit je zwei Statuen vertreten (Mater Dolorosa und Johannes der Evangelist bzw. Candelaria und der hl. Petrus).

Historische Herrenhäuser

An der Kirche vorbei geht es links die Calle Colegio hoch zur **Casa Lercaro** (17. Jh.) mit Cafeteria im Innenhof › **S. 105**. Die alte **Gofiomühle La Maquina** ist immer noch in Betrieb. Weiter geht es zur Calle San Francisco mit den bekanntesten und ältesten kanarischen Landhäusern.

Zur Linken befindet sich die **Casa de los Balcones** aus dem Jahr 1632. In den Räumen und im Patio des sehenswerten Hauses werden kunstgewerbliche Arbeiten, Stickerei, Keramik und ein kleines Museum sehr schön präsentiert; ebenso in der gegenüberliegenden, 1590 errichteten **Casa Molina,** die sich heute **Casa del Turista** nennt. Auf ihrer Terrasse kann man ein Beispiel der beeindruckenden Fronleichnamsteppiche im Kleinformat oder lebensgroße Guanchenfiguren bewundern (tgl. 9 bis 18.30 Uhr, www.casa-balcones.com).

El Farrobo

Wer sich die Mühe macht, ins Mühlenviertel *(El Farrobo)* hinaufzugehen, entdeckt Aquäduktbogen, über die das Wasser auf die Schaufeln der Mühlenräder geleitet wurde. Aus der **Mühle** mit der Nr. 3, in der steilen Gasse Dr. Domingo Gonzáles García, dringt der Duft von frisch gemahlenem Gofio. Hier drehen sich heute die Mühlsteine per Elektromotor. Schauen Sie hinein, Besucher sind willkommen!

Gärten

Auf dem Weg zurück zur Plaza de la Constitución passiert man eine Nebenstelle des Botanischen Gartens › **S. 98** von Puerto de la Cruz, den **Hijuelo del Botánico,** mit einer Vielzahl tropischer und subtropischer Pflanzen (nur vormittags geöffnet).

Gegenüber liegen die terrassierten Gärten **Jardines Marquesado de Quinta Roja.** Auf ihrem höchsten Punkt steht das Mausoleum des Diego Ponte del Castillo (Zugang von der Plaza aus; tgl. 9–18 Uhr).

Unterhalb der Plaza de la Constitución

Der Turm der sehenswerten **Iglesia Santo Domingo** (mit Gemälden der Rembrandtschule und einer bemalten Kassettendecke) weist den Weg. Im ehemaligen Dominikanerkloster hat man auf zwei Stockwerken ein **!** vorzügliches Museum des iberoamerikanischen Kunsthandwerks liebevoll eingerichtet, das **Museo de Artesanía Iberoamericana** (Tomás Zerolo 34, Mo–Fr 10 bis 15 Uhr). Allein schon die Sammlung der Musikinstrumente, aber auch Keramik, Flechtwaren und die kleine Auswahl preisgekrönter Möbel machen Laune.

In der **Casa Torrehermosa** gegenüber gibt es **!** schöne kunsthandwerkliche Produkte der Provinz Teneriffa zu kaufen (Tomás Zerolo 27, Mo–Fr 10–17, Sa 10–13 Uhr).

Info

Oficina de Turismo

- Calle Calvario 4 (im Gebäude des Konzertsaals Auditorio Teobaldo Power | Tel. 922 32 30 41 www.villadela orotava.com (auf Spanisch) Mo–Fr 8.30–18 Uhr

Busse

Der **Busbahnhof** liegt unterhalb der Altstadt. Ab Puerto de la Cruz verkehrt die Linie 350 und 352, alle 30 Minuten. Ab Santa Cruz fährt die Linie 101, viele Abfahrtszeiten.

Hotels

Victoria €€

Kleines, intimes Hotel in einem luxuriös restaurierten Herrenhaus aus dem 17. Jh.

- Calle Hermano Apolinar 8 38300 La Orotava | Tel. 922 33 16 83 www.hotelruralvictoria.com

Villa Alhambra – Fuente de Salud €€

Das aus dem 18. Jh. stammende restaurierte, exklusive ! Stadtpalais im maurischen Stil hat nur fünf Gästezimmer.

- Calle Nicandro Gonzáles 19 38300 La Orotava Tel. 922 32 04 34 www.alhambra-teneriffa.com

Pension Silene €

Einfach, aber alle Zimmer mit Bad und Balkon.

- Calle Tomas Zerolo 9 38300 La Orotava | Tel. 922 33 01 99

Restaurants

Nirgendwo auf der Insel findet sich eine vergleichbare Anzahl an Restaurants mit guter Küche und preiswerten Gerichten in herrlichem Ambiente.

Victoria €€€

Im stilvollem Ambiente des Innenhofs wird kreative spanische und internationale Küche serviert. Tgl. 12.30–16 und 20–23 Uhr, Mo geschl.

- Calle Hermano Apolinar 8 Im gleichnamigen Hotel

Sabor Canario €

Im Innenhof des Hotel Rural Orotava wird kanarische Küche in rustikalem Ambiente serviert. Mo–Sa 11–22 Uhr, So geschl.

- Calle Carrera del Escultor Estévez 17

Liceo de Taoro €–€€

Der elegante klassizistische Bau bietet ein stilvolles Ambiente für Restaurant und Cafeteria. Tgl. 9–23.30 Uhr.

- Calle San Agustín 6

El Cotillo de la Villa €–€€

Im schönen Innenhof der Casa Lercaro befindet sich eine Cafeteria mit WiFi-Zone. Ein Geschäft mit Kunsthandwerk- und Spezialitätenverkauf ist angeschlossen und lädt zum Stöbern ein. 9–19 Uhr, So abends und Mo geschl.

50 Dinge (39) › **S. 17.**

- Calle Colegio 7

Los Realejos 4 [E4]

Die Viertel Realejo Alto (oberer Ortsteil) und Realejo Bajo (unterer Ortsteil) sind sehr zersiedelt und mit Ausnahme der ältesten Kirche Teneriffas kaum einen Besuch wert. In ihrer ländlichen Umgebung haben sich des guten Klimas wegen einige Hotels und Apartmentanlagen angesiedelt. Der untere Gemeindeteil **Realejo Bajo** trägt ein modernes Gesicht mit Hotels, Ferienhäusern und Sportzentren. Aufgrund seiner Verkehrsanbindung und geografischen Nähe entwickelt er sich allmählich zum Vorort von Puerto de la Cruz.

Der obere und ältere Ortsteil **Realejo Alto** ist die historische Stätte, an der im Jahr 1496 der letzte organisierte Widerstand der Guanchen gebrochen wurde. Zwei Jahre später errichtete man dort die dem spanischen Nationalheiligen geweihte **Kirche Santiago Apóstol.** Wer von den übrig gebliebenen Guanchen das Christentum Schlimmerem vorzog, empfing der Überlieferung nach hier, später auch in La Laguna, die Taufe. Zahlreiche Umbauten haben vom ursprünglichen Gebäude wenig übrig gelassen. Sehenswert sind der Altarraum aus der Mitte des 17. Jhs., eine Christusfigur von Martín de Andújar und eine Santa Lucía flämischer Provenienz. Vom nahe gelegenen **Rathaus** hat man einen guten Überblick über das Tal. So sieht man unter sich jenseits eines Barranco einen Friedhof, bei dem einer der ebenmäßigsten Drachenbäume der ganzen Insel steht.

Einen berühmten Sohn kann Los Realejos ebenfalls aufweisen: José de Viera y Clavijo, Verfasser der ersten umfassenden Chronik kanarischer Geschichte, erblickte hier 1731 das Licht der Welt. Die »Noticias de la Historia General de las Islas Canarias« des aufgeklärten Theologen und Universalgelehrten, der viel reiste und u.a. Kontakt zu Voltaire pflegte, haben über zwei Jahrhunderte lang das Geschichtsbild der Inselbewohner geprägt. José Viera y Clavijo starb 1813 auf Gran Canaria.

Restaurant

Mesón El Monasterio €€

In die umgebauten Klosterräume sind mehrere Restaurants eingezogen. Von Fisch über Fleisch bis zur Konditorei schmaust man hier bei gutem Service. Kinder erfreuen sich an den frei laufenden Hühnern und dem Mini-Tiergehege mit Enten und Ponys. Tgl. 10–24 Uhr.

- La Montañeta 12
  38410 Los Realejos
  Tel. 922 34 43 11

Busse

Ab Puerto de la Cruz: Buslinien 352 und 353 alle 30 Minuten. Ab Santa Cruz: Buslinien 107 und 108, alle 2 Std.

San Juan de la Rambla 5 [D4]

Nicht prächtige Patrizierhäuser und Kathedralen verschiedener Epochen, sondern eine ! komplett erhaltene Kleinstadt im maurisch-kanarischen Stil präsentiert sich auf zwei natürlichen Küstenterrassen. Der Ortsteil San Juan de la Rambla liegt einige Meter höher als Las Aguas mit Zugang zum Meer. Seit 300 Jahren gab es hier kaum bauliche Veränderungen. In den schmalen Gassen, die sich vor der Kirche San Juan de Bautista (17. Jh.) zur

Reise in die Vergangenheit kanarischer Lebensart: Das maurisch-kanarisch erbaute Dorf San Juan de la Rambla hat sich seit rund 300 Jahren kaum verändert

Plaza vereinen, schlendert man noch über altes Kopfsteinpflaster. Mehrere Wohntürme – in Puerto de la Cruz gibt es nur noch einen einzigen – zeigen, dass auch hier früher reiche Handelsfamilien im Wettstreit um den besten Blick auf einlaufende Schiffe gebaut haben. Das ganze Dorfensemble steht unter Denkmalschutz. Für blaue Informationstafeln reichte das Geld allerdings nicht, aber es gelang, alle Häuser vor dem Verfall zu bewahren.

Etwas schlichter und noch enger präsentiert sich das Viertel der Fischer, **Las Aguas.** Am Ende seines steinigen Strandes liegt ein Meerwasserschwimmbad, der Lieblingsplatz der Kinder, mit Cafeteria und einem Restaurant.

Nahe des Eingangs beginnt ein herrlicher alter **Küstenwanderweg,** der Spaziergänger knapp eine Stunde am Meer und an schönen blumengeschmückten Bauernhäusern entlangführt.

Bus

Die Linie 363 fährt stündlich ab Busbahnhof Puerto de la Cruz.

Icod de los Vinos 6 ★6 [C4]

Seit Jahrhunderten schon ist Icod bekannt für seine Weine, die ihm auch den Namenszusatz »de los Vinos« eingebrachten. Ein besonders alter Drachenbaum macht Icod zu einem beliebten Anziehungspunkt, obwohl man vielerorts auf der Insel Drachenbäume beobachten kann. Der deutsche Naturforscher Alexander von Humboldt unterbrach Ende des 18. Jhs. seine Reise nach Südamerika für eine Woche auf Teneriffa, um dieses Gewächs zu studieren.

Drago milenario und Schmetterlingshaus

Als tausendjähriger Drachenbaum wird er bezeichnet, tatsächlich aber weiß niemand, wie alt er wirklich ist – die Schätzungen schwanken zwischen 500 und 6000 Jahren. Denn der Drago *(Dracaena draco)* ist kein Baum und entwickelt daher auch keine Jahresringe. Ungeachtet seines wirklichen Alters und seiner Gattung (Liliengewächs oder Agave) wirkt wohl kaum eine andere Pflanze dieser Welt archaischer als dieser 15 m hohe, wild verzweigte und knorrige Solist. **50 Dinge** (29) › S. 15.

Die Gemeinde hat ein touristisches Programm um ihn herum entwickelt, das am Parkhaus (Hinweisschilder »Drago«) mit einer Bimmelbahnfahrt beginnt. Im **Parque del Drago** gibt es einheimische Pflanzen, Nachbildungen aus dem Guanchenleben und eine Vulkanhöhle zu besichtigen (tgl. 9.30 bis 19.30 Uhr, Eintritt 5 €, Kinder 2 €). Vom schönen Paseo vor der Kirche San Marco kann man einen kostenlosen Blick auf den Drachenbaum werfen.

Auf dem Weg zum Drago liegt ein lichter Pavillon: das Schmetterlingshaus **Mariposario del Drago.** Die zarten Insekten fliegen darin frei in einem eigens für sie angelegten Mini-Urwald. Auch die Raupenzucht kann besichtigt werden (tgl. 10–19 Uhr, Eintritt 8,50 €, Kinder 5 €).

! Erstklassig

Die buntesten Märkte

- **Kunsthandwerkermarkt** in Puerto de la Cruz auf der Plaza de Europa. So einen tollen Mix aus Musik, Gastronomie und Arbeiten einheimischen Handwerker und Künstler gibt es nur dort. So 9–15 Uhr. **50 Dinge** (8) › **S. 12.**
- **Bauernmärkte** *(Mercadillo)* finden samstagnachmittags und sonntags am Vormittag statt in: Las Chafiras (**50 Dinge** (42) › **S. 17**, zwischen Flughafen und Los Cristianos), La Matanza und Cruz del Carmen, El Palmar und Garachico.
- **Flohmärkte** *(Rastros)* Los Cristianos So 9–14 Uhr, Costa Adeje Di/Sa 10–14 Uhr, Los Abrigos Di 18–22 Uhr, Puerto de la Cruz, im Ortsteil La Paz So/Di 18–22 Uhr

Paseo durch Icod

Unmittelbar neben dem Parque del Drago beginnt einer der alten Spazierwege (span. *paseo*) von Icod mit einer herrlichen Parkanlage, in der Jacarandas, Palmen und Zierbananen stehen.

Von hier aus betritt man die **Kirche San Marcos** (17. Jh.) durch ein reich verziertes Renaissanceportal. Der Innenraum wird von dem aus massivem Silber getriebenen, teilweise vergoldeten Altar beherrscht. Weitere Kleinodien können in der Sakristei besichtigt werden. Die Silberschätze von Icod de los Vinos sind Geschenke von Auswanderern an ihre Heimatgemeinde (tgl. 10 bis 17 Uhr).

Der Flanierweg mündet in eine terrassenförmige Plaza, von der man einen weiten Blick zur Küste genießt. Über wenige Stufen führt der Paseo zur **Plaza La Pila,** einem der schönsten Ensembles kanarischer Architektur. Um ein Wasserbecken herum stehen alte Palmen, darunter auch eine der seltenen Livistonia-Kandelaberpalmen.

Einkaufen

In den Probierstuben und an den Ständen auf der Plaza La Pila kann man die ! Weine der Umgebung degustieren und kaufen.

Busse

Ab Puerto de la Cruz: Buslinie 354, stündlich. Ab Santa Cruz: Buslinie 106/108, alle 2 Std. Schnellbus

Playa San Marcos 7 [C4]

Der windgeschützte schwarzsandige Strand in einer schmalen Felsenbucht 3 km unterhalb von Icod zieht am Wochenende die Einheimischen an. Einige Apartmenthäuser und Hotels ziehen sich die Felsen empor. Malerische Fischerboote, preiswerte Fischrestaurants und das Fehlen jeglicher touristischer Animation machen die Playa San Marcos zu einem Geheimtipp.

Cueva del Viento

Oberhalb von Icod de los Vinos, im Ortsteil Los Piquetes, kann man eine überaus interessante vulkanische Attraktion besuchen: einen der ! längsten Vulkanröhrenkomplexe Europas mit vielen Höhlen und Galerien auf mehreren Ebenen, insgesamt 17 km lang. **50 Dinge** (6) › **S. 12.** Davon sind ein paar Hundert Meter für die Öffentlichkeit zugänglich. Am Besucherzentrum starten Fahrzeuge, die jeweils 15 Abenteuerlustige in den ersten Teil der Unterwelt befördern. Dort angekommen, geht es dann nur zu Fuß weiter.

Vor dem Ausflug sollte man sich über die Besuchsregeln informieren (u. a. festes Schuhwerk, lange Hosen, kein Laufen und Springen unterwegs). Eine Anmeldung ist erforderlich (für Kinder unter 6 Jahren nicht geeignet).

Besucherzentrum: tgl. 9–16 Uhr, Höhlenbesichtigung: tgl. 10, 11, 13, 14 Uhr, Dauer der Führung 1½ Std.; Eintritt 16 €, Kinder 5 €; Reservierung Tel. 922 81 53 39, www.cuevadelviento.net

Im Schmetterlingshaus von Icod

SANTA CRUZ UND DER NORDOSTEN

Kleine Inspiration

- **Durch die Innenstadt** von Santa Cruz bummeln › S.116
- **Einen Tag am Strand** Playa de Las Teresitas vertrödeln › S.124
- **In die geschichtsträchtige Atmosphäre** von La Laguna eintauchen › S. 127
- **Die leckersten Torten der Insel** in La Laguna kosten › S.129

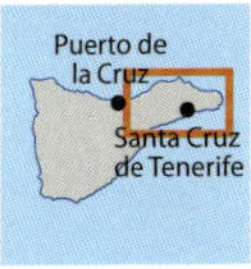

Wilde, steile Bergketten und tief eingeschnittene Täler bilden die Kulisse für den am dichtesten besiedelten Teil Teneriffas.

Die Hauptstadt Santa Cruz und La Laguna am Rand des Anagagebirges sind keine klassischen Ferienorte, obwohl eine Vielzahl von Hotels Unterkunft bieten. Die geschäftige Innenstadt von **Santa Cruz** lohnt einen Bummel, schon wegen der Plazas, Parks, Boulevards und Einkaufsmöglichkeiten.

Das Hauptstadtprivileg musste **La Laguna** 1723 an Santa Cruz abtreten, aber als Universitätsstadt und Bischofssitz behielt es seine Bedeutung als geistig-kulturelles Zentrum. Bis heute blieb der Stadt weitgehend ihre alte Schönheit erhalten: Kirchen, Klöster und Herrenhäusern aus dem 16., 17. und 18. Jh. gehören zu den bemerkenswerten Bauten.

Nur wenige Kilometer entfernt leben die Menschen im **Anagagebirge** immer noch relativ isoliert in ihren von winzigen Terrassenfeldern umgebenen Dörfern, in **Chinamada** sogar noch in komfortabel ausgebauten Höhlenhäusern. Reste des **Lorbeerwalds** konnten bei Las Mercedes überdauern. Das Gebirge ist ein Paradies für Wanderer, auch wenn die Passatwolken hier immer wiederNieselregen mit sich bringen.

Senkrecht abfallende Klippen bilden die **Nordküste.** Nur an wenigen Stellen lassen sie Raum für Badeplätze: hier liegen die Urlaubsorte **Bajamar** und **Punta del Hidalgo.** Dahinter breiten sich fruchtbare Ebenen aus, die intensiv landwirtschaftlich genutzt werden. Heute wird dort auch wieder Qualitätswein produziert. Das Weinmuseum **Casa del Vino La Baranda** bei El Sauzal lohnt für Interessierte einen Besuch.

Die südöstliche Küste, von den Passatwolken selten berührt, zeigt sich karg. Der Traumstrand **Playa de Las Teresitas** von **San Andrés** ist der bevorzugte Badeplatz der Hauptstädter. Noch weiter südlich beherbergt **Candelaria** die Statue der Inselpatronin. In der Nähe, bei **Güímar,** bauten die Guanchen Pyramiden; dort ist heute ein Thor-Heyerdahl-Museum.

Oben: Verwunschene Welt im Lorbeerwald
Links: Die Wallfahrtskirche von Candelaria an der Ostküste

Touren in der Region

Tour 12 Dörfer und Strände im Anagagebirge

Route: Santa Cruz › San Andrés › Taganana › Playa del Roque › Cruz del Carmen › La Laguna › Santa Cruz

Karte: Seite 114
Distanzen: 70 km über z.T. sehr kurvige Landstraßen, reine Fahrzeit 2 Std.

Tour-Start:

Hübsche Dörfer, Traumstrände und sowohl feine als auch rustikale Restaurants erwarten Sie bei der Tour durch das **Anagagebirge** › S. 134. Von Santa Cruz geht es über die Schnellstraße nach **San Andrés** 2 und zur herrlichen **Playa de Las Teresitas** › S. 124. Im Dorf führt die TF 12 dann auf die Cumbre (den Kamm) des Anagagebirges und wieder hinunter nach **Taganana** 11 › S. 136 in malerischer Lage. An der **Playa del Roque** › S. 136 kann man in eines der urigen Fischlokale einkehren oder ein Bad im Meer genießen. Der Rückweg führt über die landschaftlich herrliche Höhenstraße. Bei **Cruz del Carmen** › S. 135 lohnt sich ein Stopp beim Besucherzentrum. Über Las Mercedes und La Laguna geht es zurück zum Ausgangspunkt.

Fischerhafen von San Andrés

Tour 13 Panoramatour im Anagagebirge

Route: La Laguna › Cruz del Carmen › Las Carboneras › Chinamada › Chamorga › San Andrés › La Laguna

Karte: Seite 114
Distanzen: 85 km über kurvige Landstraßen, reine Fahrzeit gut 2 Std.

Tour-Start:

Diese Tour führt zu abgelegenen Köhler- und Höhlendörfern und durch großartige Landschaften des Anagagebirges. Bei der Ausfahrt aus La Laguna kann man sich leicht verfahren, deshalb gut auf die Ausschilderung »Las Mercedes« achten. Auf der TF 12 geht es hinauf ins Gebirge. Oberhalb des Dorfes **Las**

Mercedes führt die Straße durch den gleichnamigen **Lorbeerwald** › **S. 135**. Das Besucherzentrum **Cruz del Carmen** › **S. 135** eignet sich gut, um eine Pause einzulegen. Der Beschilderung folgend, verlässt die Route die TF 12 zum Dorf **Las Carboneras.** Von dort führt eine schöne Wanderung in das Höhlendorf **Chinamada** 12 › **S. 136.** Zurück auf der Höhenstraße bietet sich bis zu deren Ende bei Chamorga ein großartiges Landschaftspanorama. Auf dem Rückweg führt die Tour ab El Bailadero hinunter nach **San Andrés** 2 › **S. 124** mit Traumstrand und vielen Fischrestaurants. Über die Schnellstraße und Autobahn geht es via Santa Cruz flott zurück zum Ausgangspunkt.

Tour 14 Von Küste zu Küste

Route: **Punta del Hidalgo › La Laguna › Santa Cruz › San Andrés › Cruz del Carmen › Punta del Hidalgo**

Karte: Seite 114
Distanzen: 85 km über Landstraßen, reine Fahrzeit gut 2 Std.

Tour-Start:

Nehmen Sie sich bei dieser Tour nur die Besichtigung von La Laguna vor, sonst droht mehr Stress als Entspannung. Von Punta del Hidalgo geht es auf der TF 13 über Tejina nach Las Canteras und von dort auf der TF 12 nach **La Laguna** 5 › **S. 126.** Nach der Stadtbesichtigung bringt Sie die Autobahn schnell nach **Santa Cruz** 1 › **S. 116** und von dort gleich weiter nach **San Andrés** 2 › **S. 124** an der Ostküste. Am Strand oder in einem der Fischrestaurants verbringt man eine geruhsame Mittagspause, bevor die Fahrt hinauf ins **Anagagebirge** › **S. 134** führt. Je nach Lust und Zeit können Sie von der Höhenstraße aus Abstecher in die Dörfer unternehmen. Am **Cruz del Carmen** lohnt sich auf jeden Fall ein Stopp. Über Las Canteras geht es wieder zurück.

Tour 15 Versteckte Strände und bekannte Bodegas

Route: **Punta del Hidalgo › Valle de Guerra › El Pris › Mesa del Mar › El Sauzal › Tacoronte › Punta del Hidalgo**

Karte: Seite 114
Distanzen: 70 km über Landstraßen, reine Fahrzeit ca. 2 Std.

Tour-Start:

Das ländliche Leben, das den Nordosten Teneriffas bestimmt, ist Thema dieser Tour – Ausflüge zu versteckten Stränden inbegriffen. Das volkskundliche **Museum Casa de Carta** › **S. 133** in einer Finca etwas außerhalb des Landwirtschaftszentrums **Valle de Guerra** › **S. 132** ist erstes Besuchsziel. Nach einem Ab-

Touren im Nordosten

Tour 12

Dörfer und Strände im Anagagebirge

Santa Cruz › San Andrés › Taganana › Playa del Roque › Cruz del Carmen › La Laguna › Santa Cruz

Tour 13

Panoramatour im Anagagebirge

La Laguna › Cruz del Carmen › Las Carboneras › Chinamada › Chamorga › San Andrés › La Laguna

Tour 14

Von Küste zu Küste

Punta del Hidalgo › La Laguna › Santa Cruz › San Andrés › Cruz del Carmen › Punta del Hidalgo

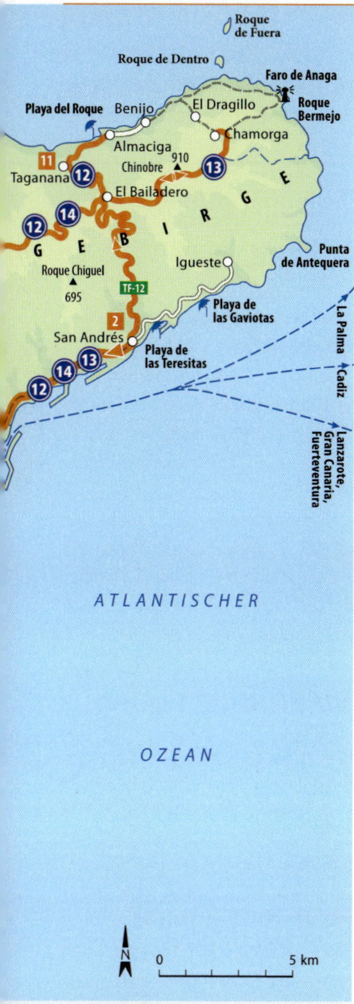

Tour 15

Versteckte Strände und bekannte Bodegas

Punta del Hidalgo › Valle de Guerra › El Pris › Mesa del Mar › El Sauzal › Tacoronte › Punta del Hidalgo

Tour 16

Zu Besuch bei der Inselpatronin

Santa Cruz › Candelaria › Güímar › Arafo › La Esperanza › Santa Cruz

stecher hinunter zu den Küstenorten **El Pris** und **Mesa del Mar › S. 132** geht es weiter nach **El Sauzal › S. 131.** Im Restaurant des **Weinmuseums › S. 121** verbringt man eine angenehme Mittagspause. Der Genuss eines Gläschens kanarischen Weins in einer Bodega in **Tacoronte** 7 **› S. 132** bildet den Schlusspunkt dieser schönen Tour.

Tour 16 Zu Besuch bei der Inselpatronin

Route: **Santa Cruz › Candelaria › Güímar › Arafo › La Esperanza › Santa Cruz**

Karte: Seite 114
Distanzen: 80 km, davon etwas mehr als die Hälfte auf der Autobahn, etwa 1½ Std. reine Fahrzeit.

Tour-Start:

Geschichte und Kultur stehen im Mittelpunkt dieser Tour. Über die Autobahn sind **Candelaria** 3 **› S. 125** und der erste Besuchspunkt, die Kathedrale mit der Inselpatronin Virgen de la Candelaria, schnell erreicht. Weiter geht es – streckenweise über die Autobahn – nach **Güímar** 4 **› S. 125** und zu den dortigen Pyramiden. Für den Besuch des archäologischen Parks sollten Sie mindestens 2 Stunden einplanen.

Nach so viel Kultur sorgt die Rückfahrt über das hübsche Städtchen **Arafo** und den **Esperanzawald** mit der charakteristischen, endemischen Kanarischen Kiefer für Abwechslung. Dort oben bieten sich viele Rastplätze für ein Picknick an, der größte ist **Los Raices.** Wer im Ort **La Esperanza** auf die TF 272 abbiegt, dem bieten sich auf dem Rückweg weitere schöne Ausblicke.

Unterwegs in Santa Cruz ★ 7 1 [J3]

Die Provinz- und Inselhauptstadt ist kein Ferienort, doch unabhängig vom Tourismus pulsiert hier das kanarische Leben. Das Zentrum von Santa Cruz de Tenerife (204 000 Einw.) ist eine sehenswerte Mischung von ! alten, gewachsenen Stadtvierteln mit ausgedehnten Fußgängerzonen und einigen Jugendstilvillen, Einsprengseln moderner Architektur, verkehrsreichen und von (sub-)tropischer Flora gesäumten Boulevards sowie Parks und dekorativen Plätzen. Für einen Stadtrundgang mit Kaffeepause reichen 3–4 Stunden, wer dazu einen Einkaufsbummel oder Museumsbesuche plant, sollte einen ganzen Tag einplanen.

Der rote Doppeldeckerbus **Guagua turísta** startet von der Plaza de España zur Stadtrundfahrt (tgl. ab 10 Uhr, alle 30 Min., Erw. 17,99 €, Kinder 9 €).

Die **Tiefgaragen** der Kaufhäuser an der Avenida Tres de Mayo und Plaza de España bieten Parkmöglichkeiten. **Stellplätze** gibt es auch am Barranco de Santos.

SEITENBLICK

Sieg über Admiral Nelson

Jedes Jahr am 24. Juli inszenieren die Hauptstädter den Kampf gegen die englischen Invasoren › S. 38 am historischen Ort, selbstverständlich in Kostümen der damaligen Zeit. Den feindlichen Truppen gelang 1797 die Landung von etwa 1000 Soldaten, der Landungsplatz befand sich auf der heutigen Promenade am Auditorio. Der englische Admiral Nelson verlor die Schlacht gegen die Inselbewohner.

Stadtbesichtigung

Ausgangspunkt für den Stadtrundgang ist die **Plaza de España.** Zusammen mit der **Plaza de la Candelaria** bildet sie den attraktiven Zugang zur Stadt.

Plaza de España A

Nach Jahren der Neugestaltung wurde die Plaza 2008 wieder eröffnet. Die Intention der Planer war es, Stadt und Meer miteinander zu verbinden: Das Ergebnis ist ein 5000 m^2 großer, flacher Meerwassersee mitten auf dem Platz, dessen Wasserspiegel mit den Gezeiten sinkt und steigt. **50 Dinge** (27) › S. 15. Diesen umgeben Grünanlagen mit kanarischer Flora und Pavillons, in einem von ihnen ist die Touristen-

Das Auditorio von Santiago Calatrava: unübersehbares Wahrzeichen der Hauptstadt

information untergebracht. Das **Monumento de los Caídos** zu Ehren der auf Francos Seite im Spanischen Bürgerkrieg (1936–39) Gefallenen blieb zwar stehen, verlor aber seine Dominanz.

An der Südseite des Platzes fällt der **Palacio Insular** mit seinem Uhrturm auf. Das repräsentative Gebäude ist Tagungsort des Inselrates Cabildo. Ein Glasfenster im Aufgang zeigt das Wappen Teneriffas. Ähnlich monumental wirkt auch das Hauptpostamt daneben.

Iglesia Nuestra Señora de la Concepción B

Auf der Avenida de Bravo Murillo gelangt man zur ältesten Kirche der Stadt. Sie wurde 1502 erbaut, fiel aber genau 150 Jahre später einem Brand zum Opfer. Als äußerlich schlichte Barockkirche mit kanarischen Stilelementen wurde sie aus dunklem Basalt neu errichtet und mit einem Turm versehen, dessen achteckiger Aufsatz als Ausguck zum Ausspähen von Schiffen und zum Erkennen von Bränden diente. Im Inneren des niedrigen, fünfschiffigen Gotteshauses steht der prunkvolle Hochaltar.

In der **Herz-Jesu-Kapelle** steht das Kreuz, das der Eroberer Alonso Fernández de Lugo zum Zeichen der Inbesitznahme der Insel in den Strand pflanzte und von dem sich der Name der Stadt ableitet. Der Boden der benachbarten **Jakobskapelle** birgt den Leichnam des erfolgreich gegen Admiral Nelson › **links**. angetretenen Generals Gutiérrez.

Im Viertel Las Norias hinter der Kirche hat sich eine bunte Restaurant- und Kneipenszene etabliert.

Östlich des Zentrums

Jenseits des Barranco de los Santos befindet sich das ehemalige Hospital *(Antiguo Hospital Civil)*. In dem klassizistischen Komplex sind vier Museen untergebracht. Für Urlauber, die mehr über die Insel wissen wollen, empfiehlt sich das moderne **Museo de la Naturaleza y el Hombre** **C**. Die naturwissenschaftliche Abteilung präsentiert die geologischen Formationen, Flora und Fauna des Archipels. Über das Leben der Ureinwohner informiert die archäologische Abteilung. Hier sind auch die Guanchen-Mumien ausgestellt. Weitere Räume sind den einzelnen Inseln und u.a. der präkolumbischen Kunst Lateinamerikas gewidmet (Calle Fuente Morales s/n, Tel. 922 53 58 16; Di–Sa 9–19, So 9 bis 17 Uhr, Eintritt 5 €).

Fans der modernen Architektur sollten einen Abstecher auf die Promenade zum **Auditorio** **D** von Santiago Calatrava machen. Die Form des 2003 eröffneten Konzerthauses mit zwei Sälen erinnert an eine Riesenwelle. Millionen von Bruchstücken weißer Kacheln lassen die Fassade glänzen. Programm und Kartenvorverkauf unter Tel. 922 56 86 00 (Mo–Sa 10–19 Uhr) oder www.auditoriodetenerife.com.

Es lohnt sich, weiter über die **Avenida Tres de Mayo** zu schlendern. Die Flanierstraße mit Fußgängerpassagen ist Standort der größten Warenhäuser, darunter El Corte Inglés.

- **A** Plaza de España
- **B** Iglesia Nuestra Señora de la Concepción
- **C** Museo la Naturaleza y el Hombre
- **D** Auditorio
- **E** Mercado de Nuestra Señora de África
- **F** Tenerife Espacio de las Artes (TEA)
- **G** Teatro Guimerá
- **H** Plaza del Príncipe de Asturias
- **I** Städtisches Museum
- **J** Iglesia San Francisco
- **K** Caja General de Ahorros de Canarias
- **L** Parque García Sanabria
- **M** Plaza 25 de Julio
- **N** Casa Quintero
- **O** Plaza Weyler
- **P** Casa Elder
- **Q** Parlamento de Canarias
- **R** Plaza de la Candelaria

Karte
S. 118

An einer erhöhten Stelle weiter nördlich steht die im ! arabischen Stil gebaute Markthalle **Mercado de Nuestra Señora de África** E, wo es turbulent und lautstark wie in einem orientalischen Basar zugeht. An Sonntagen findet vor seinen Toren und in den Nebenstraßen bis zum frühen Nachmittag ein **Flohmarkt** statt.

Gegenüber der Markthalle liegt ! das Kunst- und Kulturzentrum **Tenerife Espacio de las Artes (TEA)** F lang gestreckt am Barranco mit Wechselausstellungen und buntem Kulturprogramm, Programmkino und Bibliothek (www.teatenerife.es). Eine lange Rampe führt durch den modernen Komplex hinunter zum natur- und völkerkundlichen **Museo de la Naturaleza y el Hombre** › **links.**

Abstecher zur Kunst

Richtung Norden über die General-Serrador-Brücke gelangt man wieder ins Stadtzentrum. An der Plaza Isla de la Madera liegt das **Teatro Guimerá** G. Das hübsche Stadttheater ist nach dem in Santa Cruz geborenen Dramatiker Ángel Guimerá (1847–1924) benannt, einem der erfolgreichsten Schriftsteller katalanischer Sprache. Hier findet jedes Jahr das Festival de Músicá de Canarias statt.

Rund um die Plaza del Príncipe (H)

Geradeaus erreicht man über die Valentín Sanz die schöne Plaza del Príncipe de Asturias. Sie ist vom dichten Laubwerk mächtiger Indischer Lorbeerbäume überdacht und hat in der Mitte einen Pavillon, der gern zu Konzerten genutzt wird. Der **Kiosco Príncipe** mit Café und kleinen Gerichten auf der Speisekarte ist ! ein schöner Pausenplatz.

An der Nordostseite der Plaza del Príncipe prangt die Fassade des Kulturvereins **Círculo de Amistad XII de Enero** mit ihren dekorativen Drachen und Frauenfiguren.

Ein Besuch im **Städtischen Museum** (I) ist besonders Kunstinteressierten zu empfehlen (Museo Municipal de Bellas Artes, José Murphy 12, Di–Fr 10–20, Sa/So 10–15 Uhr, Mo geschl., Eintritt frei). Das Museum zeigt neben einer Skulpturen- und Keramiksammlung viele Gemälde kanarischer Maler (Pedro de Guezala, Francisco Bonnín Guerín, José A. García Aguiar, Nestor Martín Fernández de la Torre). Die Fassade zieren Büsten kanarischer Dichter, Denker und Musiker.

Auf der Rückseite des Museums öffnet die **Iglesia San Francisco** (J) ihre barocke Pforte. Das 1860 geweihte Gotteshaus mit drei vergoldeten Altarwänden und Wandfresken diente ursprünglich als Klosterkirche eines Franziskanerkonvents, zu dessen Besitz einst auch der Parque del Príncipe gehört hatte.

SEITENBLICK

Wechselnde Macht

Wegen der andauernden Konkurrenz zwischen den Inseln Teneriffa und Gran Canaria wurde die Hauptstadtfunktion sowohl Santa Cruz de Tenerife als auch Las Palmas de Gran Canaria zuerkannt. Der Regierungspräsident wechselt daher alle vier Jahre die Stadt, während das Parlament ständig hier in Santa Cruz de Tenerife residiert.

Zum Parque García Sanabria

An der verspiegelten Außenhaut des modernen Gebäudes der Kanarischen Sparkasse, der **Caja General de Ahorros de Canarias** (K), geht es vorbei in die Calle La Luna. Mit ihren vielen Restaurants ist sie ein beliebter Treffpunkt.

Durch eine Einkaufspassage gelangt man an ihrem Ende zum größten und schönsten Stadtpark der Hauptstadt, dem **Parque García Sanabria** (L). Man schlendert über breite Alleen, spaziert durch überwucherte Laubengänge und verweilt an plätschernden Wasserspielen mit steinernen Nixen oder am Kinderspielplatz.

Weitere hübsche Plätze

In der Mitte der kleinen, verspielten **Plaza 25 de Julio** (M) sprudelt ein mit Sevillaner Azulejos verkleideter **Brunnen.** Auf dem Brunnenrand sitzen acht glasierte Frösche, mit dem bunten Vogel in der Mitte um die Wette speiend. Sehenswert sind außerdem die gefliesten Sitzbänke mit nostalgischer Reklame.

Kanarischer Charme in Santa Cruz' gewachsenen bunten Stadtvierteln

In der weiteren Umgebung des Platzes, in den Nebenstraßen und jenseits der Rambla im Westen, finden sich die schönsten Villen der Jahrhundertwende (um 1900). Bemerkenswert ist zum Beispiel die restaurierte **Casa Quintero** Ⓝ an der Calle Jesús y María mit elegant stilisierten Pflanzenstuckaturen in lindem Grün.

Die Avenida 25 de Julio weiter bergab folgt die **Plaza Weyler** Ⓞ. Sie ist zwar nicht groß genug, um im Lärm und Verkehrsgewühl als Oase gelten zu können, setzt aber mit ihrer **Fuente del Amor,** dem Liebesbrunnen mit nackten Putten, einen charmanten Akzent. Achille Canessa hat ihn aus weißem Marmor gehauen. In Teilen wurde das Werk von Genua nach Teneriffa verschifft.

Um die Calle del Castillo

In der Fußgängerzone Calle del Castillo und den umliegenden Straßenzügen reihen sich Boutique an Boutique, Warenhaus an Warenhaus. Ins Auge fallen besonders die überquellenden Auslagen der indischen Kaufleute, die nebst orientalischen Waren vor allem mit preisgünstigen Parfüms, Kameras und den neuesten elektronischen Entwicklungen aufwarten.

An der Kreuzung der Calle del Castillo mit der Calle de Robayna hat sich mit der **Casa Elder** Ⓟ ein Relikt aus der Epoche des Jugendstils erhalten. Ein Blickfang ist die geschnitzte Holztür. Der Architekt des Hauses, Antonio Pintor, hat um die Jahrhundertwende gewirkt und entwarf die Pläne für zahlreiche Großprojekte der Insel, z. B. die schon lange geschlossene Stierkampfarena in Santa Cruz oder das Teatro Leal in La Laguna.

Restaurant

Im **Círculo de Bellas Artes de Tenerife,** Calle del Castillo 43, kann man nicht nur neueste Werke kanarischer Künstler betrachten (Mo–Fr 10–20, Sa 10–14 Uhr), sondern im angeschlossenen **Kunstcafé** auch über das Gesehene sinnieren und diskutieren (Mo–Fr 8.30 bis 16, Sa 10–14 Uhr).

In der Seitenstraße Calle Teobaldo Power tagt in einem etwas zurückgesetzten Gebäude hinter einem klassizistischen Säulenportikus das **Parlamento de Canarias** Q. Das Parlament der Kanarischen Inseln hat hier seinen ständigen Sitz › **Seitenblick S. 120**.

Plaza de la Candelaria R

Die Calle del Castillo mündet in die Plaza de la Candelaria. Sie verdankt ihren Namen einer Marmorstatue der Inselpatronin im unteren Bereich. Vier Menceyes › **S. 29** sitzen der Madonna mit Jesuskind zu Füßen.

Auf der Nordseite des sehenswerten Platzes liegt der **Palacio de los Rodríguez Carta,** für dessen Fassade dunkelgrauer Basaltstein verwendet wurde. In dem ehemaligen Adelspalast von Matías Rodríguez Carta aus dem Jahr 1752 mit zwei wunderschönen Innenhöfen residierte früher eine Bank. Das Gebäude gilt als eines der schönsten Bürgerhäuser im kanarischen Barock, weist aber auch neoklassizistische Elemente auf.

Info

Das Büro der **Touristeninformation** liegt am Ausgangspunkt der Stadtrundgänge in einem der lavafarbenen Pavillons auf der Plaza de España, Tel. 922 28 12 87, Mo–Fr 9–18, Sa 9–13 Uhr.

Busse und Straßenbahn

Verbindungen zu allen wichtigen Orten vom **Busbahnhof** zwischen Avenida de Tres de Mayo und Avenida de la Constitución. Zur Playa de Las Teresitas steigt man an der Meerespromenade nördlich der Plaza de España zu.

SEITENBLICK

Karneval in Santa Cruz

Unter Franco war er offiziell verboten und wurde nur als zahnlose Winterschlussfiesta mit Kostümvorschriften und unter politischen Auflagen durch das Hintertürchen wieder zugelassen. Seit den 1980er-Jahren boomt der kanarische Karneval und hat sich zu einem der glanzvollsten Faschingsspektakel in Europa entwickelt. Vorbild ist Rio de Janeiro. Monatelang bereitet man sich vor, und vier Wochen lang halten dann fast ohne Unterbrechung Samba- und Salsaklänge die Fieberkurven oben.

Die Höhepunkte des Festes im ewigen Frühling sind die prunkvolle Wahl der Karnevalskönigin, die Umzüge *(coso)* in Santa Cruz am Faschingsdienstag, in Puerto de la Cruz am Wochenende darauf und dazwischen das krokodilstränenreiche Begräbnis einer riesigen (Pappmaché-) Sardine, die schließlich auf der Plaza de España abgefackelt wird. Und natürlich die frenetischen Tänze auf den Straßen und Plätzen der Stadt! Bis zu 20 000 Menschen beteiligen sich aktiv am Umzug, die Zahl der Zuschauer erreicht das Zehnfache. **50 Dinge** (10) › **S. 13.**

Zwischen Santa Cruz und La Laguna verkehrt in kurzen Intervallen eine Straßenbahn, die **Tranvía.** Sie startet neben der zentralen Busstation › **links.**

Hotels

Iberostar City Hotel Mencey €€€
5-Sterne-Luxus mit Park, Tennisplätzen und 300 Zimmern. Das Haus im Kolonialstil ist mit einem opulenten Spa ausgestattet.
- Calle Dr. José Naveiras 38
  38004 Santa Cruz | Tel. 922 60 99 00
  www.iberostar.com

Hotel Taburiente €€
Das gute Mittelklassehotel ist gleich am Stadtpark García Sanabria gelegen.
- Calle Doctor José Naveiras 24A
  Tel. 922 27 60 00
  www.hoteltaburiente.com

Horizonte €
Das kleine ältere Hotel wird persönlich geführt und liegt zentrumsnah in einer Nebenstraße. Kleine Zimmer.
- Calle Santa Rosa de Lima 11
  38001 Santa Cruz | Tel. 922 27 19 36
  www.hotelhorizontetenerife.es

Restaurants

Taberna el Cambullón €
Kreative kanarische Küche. Ideal zum probieren sind Tapas und Miniportionen, man kann aber auch gleich eine große Portion bestellen. Mo–Sa 11–21 Uhr.
- Calle Béthencourt Alfonso 2
  Tel. 992 27 02 50

La Taberna del Puerto €
Hier wird kanarische Hausmannskost zu moderaten Preisen serviert. Mo–Sa 7–17.30, Do–Sa auch 20–23.20 Uhr.
- Calle la Marina 4
  Tel. 922 27 69 95

Kiosco Príncipe €€
In diesem Terrassenlokal und Jugendstilpavillon werden tagsüber Tapas und kleine Gerichte serviert. Am Abend sind auch große Speisen auf der Tafel notiert.
- Plaza del Príncipe
  Tel 922 24 74 40

Nightlife

Nachts tobt das Leben in den Bars und Musikkneipen in der Calle Antonio Dominguez Alfonso in der Altstadt. Musikkneipen gibt es auch in der Nähe der Plaza de la Paz, z. B. **Parra** oder **Desván**. Diskotheken finden sich an der Uferpromenade Avenida Anaga, z. B. das **Bongó Anaga** mit Latino-Musik oder die Disco

Straßencafé an der Plaza del Príncipe

Erst sonnen und baden, dann Fisch essen: San Andrés ist für beides ideal

La Puerta Verde, hier werden Songs aus den 1970er- bis 1990er-Jahren aufgelegt.

Im Nebengebäude des **Hotel Mencey** lädt ein Casino (Zugang von der Rambla) zum Glücksspiel ein. Fr und Sa wird nach Mitternacht zum Tanz aufgespielt.

Ausflüge ab Santa Cruz

San Andrés, Playa de Las Teresitas ★8 [J2]

Das Fischerdorf **San Andrés** 2 zieht sich pittoresk den Berghang hinauf. Die meisten der schmalen Gassen sind Fußgängerzonen. Heute verdienen die Menschen des Fischerdorfs mehr Geld mit der Zubereitung von Fischen und Meerestieren als mit ihrem Fang: Lückenlos reiht sich entlang der Hauptstraße Restaurant an Restaurant.

Die ! von Palmen gesäumte Playa de Las Teresitas wurde mit Sand aus der Sahara aufgeschüttet. **50 Dinge** ④ › S. 12. Eine im Meer versenkte Mole verhindert, dass die Brandung den Strand wieder wegschwemmt und ermöglicht das unbeschwerte Baden im Meer. Die breite Playa eignet sich ideal zum Joggen. Wegen seiner Größe wirkt der familienfreundliche Strand auch zur Hauptsaison niemals überfüllt. Alle Serviceeinrichtungen wie Rettungswacht, Umkleiden, Getränkekioske etc. sind vorhanden.

Restaurants

Am frischesten ist der Fisch in Lokalen, wo man ihn direkt aus dem Bassin oder vom Tresen aussuchen kann. Empfehlenswerte Restaurants in San Andrés sind:

Ramón €€
In dieser eleganten Marisquería kommen Krabben und Fisch garantiert frisch aus dem Bassin.
- Calle Dique 23
  Tel. 922 54 91 32

El Petón €
Einfaches, gutes und immer rappelvolles Fischlokal. Empfehlenswert sind die Suppen. Tgl. 7–19 Uhr
• Calle Aparejo 11 | Tel. 922 59 11 28

Zur Inselpatronin nach Candelaria 3 [G4]

Am 14. und 15. August jeden Jahres herrscht hier Hochbetrieb: Die ganze Insel feiert den Namenstag der Inselpatronin Virgen de Candelaria mit einer Wallfahrt nach Candelaria, einer Prozession und Feuerwerken. Die **Basílica de Nuestra Señora de Candelaria** – ausnahmsweise ein neuer und architektonisch eher belangloser Bau – überragt das Städtchen. Am Rand des meist menschenleeren Vorplatzes stellen neun Plastiken des einheimischen Künstlers José Abad die neun Guanchenfürsten zur Zeit der Eroberung dar.

Die Innenausstattung der Basilika verzichtet auf auffällige Dekoration, damit nichts von der Figur der ! Schwarzen Madonna auf dem Altar ablenkt. Diese ist jedoch nicht das im 14. Jh. gefundene Original, sondern eine Kopie, die nach dem Verschwinden der Figur 1830 angefertigt wurde (› **Seitenblick unten**). Besichtigung: Mo 15–19.30, Di–So 7.30–19.30 Uhr. Messen: Mo bis Sa 8 und 18, So 8, 10, 12 und 18 Uhr.

Bus

Ab Santa Cruz verkehren die Buslinien 122 und 123 stündlich.

Restaurants

Auf dem Vorplatz der Basilika liegen mehrere Restaurants, in denen kanarische Speisen serviert werden (€€).

Parque Etnográfico Pirámides de Güímar 4 ★9 [G5]

Teneriffa war schon in der Antike, mehr als 1500 Jahre, bevor Kolumbus sich auf den Weg machte, Zwischenstation auf der Schifffahrtsroute von Vorderasien nach Mittelamerika. Dieser Theorie, die Thor Heyerdahl in den 1950er-Jahren aufstellte, ist der Parque Etnográfico Pirámides gewidmet. **50 Dinge** (32) › **S. 16**. Diese frühe Verbindung, so Heyerdahl, habe zu einer gegenseitigen Beeinflussung der Kulturen der Mayas/Azteken auf der westli-

SEITENBLICK

Die Legende vom Marienstandbild

Zwei Guanchenhirten fanden die Marienfigur viele Jahre vor der Eroberung am Strand. Sie soll sogleich Wunder gewirkt haben und deshalb auf Anordnung des Mencey von Güímar in einer Höhle aufgestellt und unter den Namen *Chaxiraxi* verehrt worden sein. Später entführte der Statthalter des bereits eroberten Lanzarote, Diego de Herrera, das Bildnis, brachte es aber wieder zurück. Die Spanier bauten ihr eine Kapelle am Strand, von wo sie 1826 mit einer Flutwelle verschwand. Die Kopie von Fernando Estévez auf dem Altar der Wallfahrtskirche wird aber nicht weniger verehrt. **50 Dinge** (28) › **S. 15**.

chen Seite des Ozeans und der vorderasiatischen/ägyptischen Kulturen am östlichen Ende des Mittelmeeres geführt. Auch die Pyramiden von Güímar stellt er in diesen Zusammenhang. Dank der Finanzkraft der kanarisch-norwegischen Reederdynastie Olsen konnte das Pyramidengelände gekauft und dieser private Park eröffnet werden.

Der archäologische Park gliedert sich in das Museum und die Außenzone mit den Pyramiden. Im Museum sind Kultgegenstände, Steinzeichnungen und Wandbilder der Mayas und Azteken ausgestellt, die Thor Heyerdahls Gedanken bestätigen sollen. Das ausgegrabene Pyramidengelände ist geometrisch angelegt. Die Hauptachse ist auf den Sommersonnenwendepunkt ausgerichtet. Andere Bauten weisen auf den Wintersonnenwendepunkt und auf Mondphasen hin. Auch wenn man den Thesen Thor Heyerdahls nicht zustimmen mag, verschafft der Besuch des Parks spannende Eindrücke.

Geöffnet täglich 9.30–18 Uhr; Eintritt 14,75 €, Kinder bis 12 Jahre 4,50 €, unter 9 Jahren frei. www.piramidesdeguimar.es

Die Anfahrt ist in Güímar mit »Pirámides« ausgeschildert. Ab Santa Cruz verkehrt die Buslinie 120 stündlich, am So alle zwei Std.

Unterwegs im Nordosten

La Laguna 5 ★10 [H3]

Schon vor der spanischen Eroberung befand sich auf den relativ kühlen und feuchten Höhen der Sommersitz der Menceyes, der Guanchenfürsten. Damals lag San Cristóbal de La Laguna, wie es mit vollständigem Namen heißt, noch an der Lagune, einem inzwischen ausgetrockneten Binnensee. Aus dieser Zeit ist nichts übrig geblieben. Unmittelbar nach ihren Sieg begannen die Spanier 1496 La Laguna zur Hauptstadt auszubauen. Wie später die Städte in den spanischen Kolonien auf dem amerikanischen Kontinent, legten die Bauherren auch La Laguna schachbrettförmig an. Die klare Gliederung der Straßenzüge macht eine Orientierung in der Stadt (153 000 Einw.) einfach.

Stadtbummel

Ein guter Ausgangspunkt für einen ruhigen Spaziergang durch die Altstadt ist die **Plaza del Adelantado.** Viele der historisch wichtigen Gebäude liegen am Platz sowie in der hier beginnenden Calle Obispo Rey Redondo, in der sich auch eine Touristeninformation befindet.

Wer mit dem Bus anreist, kann den Stadtbummel an der Iglesia Nuestra Señora de la Concepción (erkennbar am Turm) starten. Auch hier ist eine Touristeninformation.

Hinter der Plaza gibt es Parkplätze, die von der Umgehungsstraße direkt angesteuert werden können. In der Nähe des Platzes, in der Avenida Calvo Sotelo, kann eine Tiefgarage (ausgeschildert) genutzt werden. Auch längs des Barranco Gonzaliánez stehen Parkflächen zur Verfügung.

Plaza del Adelantado

Mit einem mehrstufigen Marmorbrunnen, herrlichen alten Bäumen und umgeben von einigen der ältesten und interessantesten Gebäude der Stadt ist ! der Platz ein echtes Schmuckstück. Unauffällig wirkt die kleine **Kapelle San Miguel** neben dem modernen Justizpalast. Sie geht noch auf das Jahr 1506 zurück, wurde aber seither mehrfach umgebaut und dient heute als Kulturhaus.

Das markanteste Bauwerk mit hohen, massiven und abweisenden Mauern ist das **Kloster Santa Catalina.** Als auffälligstes Bauelement thront oben auf der Klostermauer der *ajimez*, ein zwar geschlossen wirkender, aber mit den Holzgittern doch luftiger Kasten. Er ist Teil des maurischen Architekturerbes: Nur vom *ajimez* aus durften die Haremsfrauen – von außen ungesehen – durch die Gitter die Straße beobachten. Dieselben Regeln galten für die Nonnen, die hier ab 1611 einzogen. Ein Teil des Gebäudes ist über 100 Jahre älter und diente schon Alonso de Lugo als Residenz.

Rechts neben dem Kloster fällt der **Palacio de Nava y Grimón** mit seiner dunklen Fassade aus behauenem Stein auf. Er entstand Ende des 16. Jhs. Die Fassade schmücken Elemente des Barock- und Renaissancestils, den Portikus rahmen Doppelsäulen ein. Die Familie Nava gehörte zu den führenden Geschlechtern Teneriffas und dokumentierte ihren Reichtum mit der steinernen Fassade, während alle anderen Gebäude dieser Zeit im kanarischen Stil aus Bruchstein aufgeschichtet und verputzt worden sind.

Nur wenige Schritte abseits der Plaza del Adelantado, die Calle Consistorio nach links und an der zweiten Querstraße wieder links, liegt das **Kloster und Konvent Santo Domingo,** eine schöne, ruhige Anlage im klassischen kanarischen Stil. Der Konvent kann als Vorläufer der Universität betrachtet werden, denn es standen nicht nur religiöse Themen, sondern auch Logik und Philosophie auf dem Stundenplan. Beide Gebäude wurden mehrfach

Verschwiegener Innenhof

Der Palacio de Nava in La Laguna

umgestaltet, zuletzt in den 1960er-Jahren. In der altehrwürdigen Kirche fällt ein farbenfrohes Deckenfresko aus dem Jahr 1948 aus dem Rahmen (Mo–Sa 18–19.30 Uhr, So 10–12, 18–19.30 Uhr).

Calle Carrera (Calle Obispo Rey Redondo)

Südwestlich des Klosters Santa Catalina reicht ein Gebäudeblock bis in die umliegenden Straßen hinauf. Eindrucksvoll sind die mächtigen Mauern, massiven Türen und Fenster und die mit Wappen geschmückten Portale. Hinter den Mauern arbeiten heute die Angestellten der **Rathausverwaltung** und des **Stadtarchivs.** Die ältesten Gebäude der Gruppe stehen längs der Calle Obispo Rey Redondo, die häufig auch Calle Carrera genannt wird. Den Anfang macht die **Casa del Corregidor,** das 1545 fertig gestellte Landgericht, das aber zunächst als Bischofssitz diente. Daneben befindet sich die **Casa de la Alhóndiga** aus dem 17. Jh. Das Haus diente als Speicher und zeitweise auch als Gefängnis. Die **Casa de los Capitanes,** ehemals Sitz der Militärgouverneure, schließt sich an. Das Gebäude beherbergt heute das internationale Zentrum zur Erhaltung des kulturellen Erbes und die Touristeninformation (Mo–Fr 9 bis 15 Uhr, im Sommer bis 14 Uhr). Hier starten kostenlose Führungen durch die historische Altstadt.

Unweit der Casa de los Capitanes weitet sich die Calle Obispo Rey Redondo zum Kathedralplatz. Die **Iglesia de los Remedios** – 1818 zur Kathedrale erhoben – wurde seit ihrer Fertigstellung im Jahr 1511 mehrfach umgebaut; ihr heutiges Gesicht erhielt sie großteils zu Beginn des 20. Jhs. Der Innenraum wird vom Hauptaltar beherrscht, einer Arbeit des berühmtesten kanarischen Bildhauers, Luján Pérez (18. Jh.). Die Figur »El Cristo de los Remedios« datiert auf das 16. Jh. Der älteste, künstlerisch wertvollste und kostbarste Altar aus dem 18. Jh. steht in der Kapelle Nuestra Señora de los Remedios rechts vor dem Hauptaltar. Die Figur der Jungfrau ist aber wesentlich älter, sie ist schon seit 1597 im Besitz der Kathedrale und stammt aus Andalusien. Rechts hinter dem Hauptaltar liegt das Grabmal des Eroberers Alonso de Lugo (Di 10.30–13.30, 17.30 bis 19 Uhr, Mo und Mi–Sa 8.30–13.30, 17.30–19 Uhr. An Sonntagen sollte die Kirche nicht besichtigt werden, um Messen und Andachten nicht zu stören).

Gemütlich kann man die autofreie Calle Obispo Rey Redondo entlangschlendern und in einem der zahlreichen Cafés und Lokalen einkehren. **!** Den besten Kuchen und Torten weit und breit aber backen die Konditoren im Café Palmita, gegenüber der Kirche Concepción.

Der Jugendstilbau des **Teatro Leal** gegenüber der Kathedrale aus dem Jahr 1015 ist schön renoviert (Programm unter www.teatroleal.es, Vorverkauf: Tel. 922 25 51 41).

Am Ende der Straße liegt das spanische Nationalheiligtum, die **Iglesia Nuestra Señora de la Concepción.** Anders als bei der Kathedrale blieb ihr streng gotischer Stil bei Erweiterungen und Restaurierungen erhalten. Mit dem Bau wurde Anfang des 16. Jhs. begonnen; auffällig ist der siebenstufige Glockenturm aus dunklem behauenen Vulkanstein. In Inneren ist besonders die farbig bemalte Kassettendecke aus Holz beachtenswert. Historisch wichtigstes Objekt ist ein grünes Majolika-Taufbecken, über das sich die besiegten Guanchenfürsten zur Taufe beugen mussten (Di–Fr 10 bis 17, Sa, So 10–14 Uhr. Eintritt 0,50 € für die Restaurierung der Kirche, So Eintritt frei).

Calle San Agustín

Nördlich der Iglesia de la Concepción verläuft die Calle San Agustín mit wunderschönen Palästen, deren Innenhöfe häufig geöffnet sind. Der Bau des **Klosters San Agustín,** eines der ersten Gebäude der Stadt, begann noch in den letzten Jahren des 15. Jhs. Seit Abschluss der Restaurierung des Klostergebäudes ist dieser Komplex **!** einer der schönsten auf den Kanarischen Inseln. Den Eingang finden Sie im Glockenturm. Gleich dahinter liegen zwei herrliche Innenhöfe mit Kreuzgängen. Im ehemaligen Konvent werden Kunstausstellungen gezeigt. Von der Kirche steht nur noch die Fassade.

Der heutige **Palacio Episcopal** (Bischofspalast) mit dunkler Fassade aus Vulkanstein befindet sich nur wenige Schritte weiter. Er wurde im 17. Jh. als Herrensitz errichtet. Ein Brand zerstörte vor einigen Jahren einen Teil der Anlage; an der Wiederherstellung wird gearbeitet.

Das **Museo de Historia de Tenerife** ist in der Casa Lercaro aus dem 16. Jh. untergebracht. Bemerkenswert in diesem hervorragend restaurierten Bauwerk ist vor allem sein Innenhof mit seltener, geschlossener Galerie aus dem Kernholz der Kanarischen Kiefer. Themenschwerpunkt des Museums bildet die spanische Epoche der Insel von der Conquista bis in unsere Tage (Di–Sa 9–20, So, Mo, Feiertage 10–17 Uhr, Eintritt 3 €).

Gleich nebenan liegt die **Casa Montañés,** der Sitz des kanarischen Rates. Während der Dienstzeit ist das Gebäude geöffnet, sodass man einen Blick in die wunderschönen Innenhöfe werfen kann.

Das **Kloster Santa Clara** liegt einen Straßenzug weiter nördlich zwischen der Calle de Viana und der Calle de Nava y Grimón, die zurück zum Ausgangspunkt an der Plaza del Adelantado führt.

Außerhalb der Altstadt

In der Vía Láctea in Richtung Ortsteil La Cuesta (gut erreichbar mit der Straßenbahn Tranvía) liegt das **Museo de la Ciencia y del Cosmos.** Das der Universität angegliederte Museum dokumentiert, mit neuester Technik ausgerüstet, u.a. den aktuellen Stand der Kosmosforschung (Di–So 9–20 Uhr, Eintritt 5 €, So frei).

Info

Die **Touristeninformation** befindet sich in der Calle Obispo Rey Redondo/ Calle Carrera 7 (Casa de los Capitanes), Mo–Fr 9–17, Sa/So 9–14 Uhr. Kostenlose geführte Touren (auf Deutsch) starten Mo–Fr um 10, 12 und 16 Uhr, Sa/So 10.30 und 12 Uhr. Vorherige Anmeldung erforderlich unter Tel. 922 63 11 94. Treffpunkt ist das Büro der Touristeninformation. **50 Dinge** (25) › **S. 15.** Vom zweiten Infobüro an der Kirche Concepción können Sie den Turm besteigen (3 €).

Bus

Der Busbahnhof liegt neben der Autopista del Norte, in der Nähe der Einfahrt zur Avenida Trinidad; von dort gute Verbindungen nach Santa Cruz und Puerto de la Cruz. Nach Santa Cruz können Sie auch die Straßenbahn Tranvía nehmen. Die meisten Busse ins Anagagebirge starten hier (nur wenige Abfahrten tgl.).

Hotels

Aguere €€

Einfaches Hotel in einem stimmungsvollen Altbau (von 1760). 20 Zimmer gruppieren sich um einen hellen begrünten Patio.

- Calle Obispo Rey Redondo 55
  38201 La Laguna
  Tel. 922 25 94 90
  www.hotelaguere.es

Nivaria €€

3-Sterne-Hotel in einem renovierten Haus aus dem 18. Jh., elf moderne Apartments und 62 Studios.

- Plaza del Adelantado 11
  38201 La Laguna
  Tel. 922 26 42 98
  www.lagunanivaria.com

Restaurants

Restaurant L'amuse bouche €€

Im gepflegten ! Ambiente der Bel Epoque und mit exzellentem Service wird hier gute kanarisch-spanisch-internationale Küche serviert. Der Besuch lohnt sich auch für Kaffee, Kuchen und Eis auf der Terrasse. So–Mi 9–22, Do–Sa 9–24 Uhr.

- Calle Nava y Grimon 7
  Tel. 609 14 14 93

Bodegón Viana €

Typische Bodega mit einfachen, ländlichen Speisen. Di–So 9–1 Uhr.

- Calle Viana 35
  Tel. 822 25 62 56

Nightlife

Das Kneipenviertel rund um die Calles Dr. Zamenhof, Catedral, Heraclio Sánchez und Dr. Antonio González liegt nördlich der Universität. Die dort ansässigen Kneipen und Diskotheken wechseln häufig Namen und Besitzer; außerhalb des Semesters ist nicht allzu viel los.

Im **El Búho,** Calle Catedral, gibt es am Wochenende Livemusik.

Jugendliche in El Sauzal

El Sauzal 6 [F3]

Wunderschön liegt der gepflegte, blumengeschmückte Ort am Rand der Steilküste. Der Straße folgend zieht er sich in Serpentinen nach unten. Ein atemberaubendes Panorama bietet sich vom wie ein Balkon über den Klippen hängenden Aussichtspunkt **Mirador La Garañona.** Die Hauptattraktion des Ortes ist jedoch seine Casa del Vino.

Restaurant

Mirador La Garañona €

In dieser Cafeteria gibt es Eisspezialitäten, Kaffee und Kuchen – zu genießen bei einer grandiosen Aussicht auf die Steilküste und den Teide. Di–So 12 bis 22 Uhr. Ortsteil Sauzalito

Casa del Vino La Baranda

Kurz hinter der Autobahnabfahrt El Sauzal liegt noch vor dem Städtchen das ehemalige Gutshaus aus dem 17. Jh. mit einem angeschlossenen Weinmuseum. Seine Lage ist geradezu fantastisch: ! Der Blick reicht über den ganzen Norden der Insel bis zum Teide. In den Ausstellungsräumen wird die wechselvolle Geschichte und die Entwicklung des Weinanbaus Teneriffas dargestellt.

Das Haus dient gleichzeitig als Zentrum der regionalen Winzergemeinschaft, die sich um den Qualitätsweinanbau auf Teneriffa verdient macht. Die lokalen Weine mit Herkunftsbezeichnung D.O.C. können an Ort und Stelle verkostet und gekauft werden.

Im Sommer finden im Innenhof klassische Konzerte statt.

Einkaufen

Casa del Vino – La Baranda

Di 10.30–18.30, Mi–Sa 9–21, So 11–18 Uhr, Eintritt frei.

- Calle San Simón 49
  Autopista General del Norte, km 21
  38360 El Sauzal
  Tel. 922 57 25 35
  www.casadelvinotenerife.com

Restaurant

Tasca €€€
In den Räumen des Weinmuseums werden schmackhafte kanarische Speisen und natürlich die Weine der Region kredenzt. Di–Sa 10.30–23, So 10.30 bis 18.30 Uhr.

Casa de la Miel – Honigmuseum

Auch das Honigmuseum dient als Zentrum zur Qualitätsverbesserung und als Museum für die regionale Honigproduktion. Das Haus befindet sich in unmittelbarer Nachbarschaft zur Casa del Vino auf derselben Finca (Di 10.30–18.30, Mi–Sa 9–21, So 11–18 Uhr).

Tacoronte 7 [G3]

In der fruchtbaren Ebene des **Valle de Guerra** werden Zitrusfrüchte, Wein, Gemüse und Kartoffeln sowie tropische Früchte angebaut. Das Zentrum von Tacoronte ist recht lebendig, bietet aber keine besonderen Sehenswürdigkeiten.

Die Sensation in Tacoronte ist ein alter ursprünglicher Lorbeerwald, der **Bosque de Agua García.** Er erstreckt sich auf etwa 1000 Höhenmetern und ist wegen seines Artenreichtums für Botaniker eine Augenweide. Man kann hier eine kurze Wanderung machen, die durch den **Barranco de Toledo** an uralten Baumriesen entlangführt. Die von Menschenhand gegrabenen Höhlen **Cuevas de Toledo** dienten bis ins 20. Jh. zum Abbau von Sand und zur Glasherstellung, daher auch **Cuevas del Vidrio** genannt. Man startet den Rundweg am Informationszentrum in Agua García (nur vormittags geöffnet) und gelangt über einen gut sichtbaren Pfad zum Waldpicknickplatz Las Jaras.

Einkaufen

In Tejina, Ortsteil San Juan (zwischen Tacoronte und Valle de Guerra) findet Sa und So 9–14 Uhr ein **Bauernmarkt** statt. Hier verkaufen die Landwirte alles, was Felder und Gärten hergeben, von Gemüse und Wein über Käse bis zu Kräutern. Fleisch und Fisch sind ebenfalls im Angebot.

Mesa del Mar 8 [G3] und El Pris [G2]

An der Landstraße (TF 16) weisen Schilder die Steilküste hinunter nach Mesa del Mar und El Pris. Beide Orte liegen direkt am Küstensaum. Die Siedlung **Mesa del Mar,** übersetzt »der Meerestisch«, zählt ohne Zweifel zu den größten Bausünden Teneriffas. Die vormals schöne Felsenbucht wurde total mit Betonbauten bedeckt. Immerhin kann man hier in einem großen Meerwasserbecken und in einer Strandbucht (durch einen Tunnel zu erreichen) gut schwimmen.

Über einen hübschen Spazierweg an der Steilküste mit schönen Ausblicken lässt sich das benachbarte **El Pris** erreichen. Eine Direktverbindung besteht auch über die Landstraße. Das Fischerdorf konnte einen Teil seines alten Charmes bewahren, weil die Hochhäuser hier nur am Ortsrand stehen.

Casa de Carta – Museo de Historia y Antropología [G2]

Die Casa de Carta ist an der Landstraße kurz vor dem Ort Valle de Guerra ausgeschildert. Der große Gutshof aus dem 18. Jh. zeigt das bäuerliche Leben der vergangenen Jahrhunderte. Die Räume sind mit Originalmöbeln ausgestattet und in der Küche stehen die Steinzeugschüsseln im Bord und der Eisenkessel auf dem Herd. Alte Trachten sind ausgestellt und in Sonderräumen kann man mit etwas Glück – wenn gerade eine Schulklasse oder Jugendgruppe zu Besuch kommt – Weberinnen oder Korbflechtern bei der Arbeit zusehen (Di–So 10 bis 17 Uhr, Eintritt 5 €, Kinder bis 8 Jahre frei).

Bajamar 9 [H2]

Schon vor 100 Jahren zogen die Einwohner von La Laguna im Sommer und an den Wochenenden mit Kindern und Picknickkorb hierher. Deutsche Urlauber entdeckten den Badeort in den 1960er-Jahren als ruhige, naturverbundene Alternative zu Puerto de la Cruz. Später, als die Urlaubermassen lieber in den Süden strömten, wurde es ruhig in Bajamar. Heute tummeln sich in den großzügigen Badeanlagen mehr Einheimische als Ausländer.

Bus

Santa Cruz über La Laguna: Die Buslinie 105 fährt alle 30 Min. Von Bajamar ins Anagagebirge verkehrt die Buslinie 105. Umsteigemöglichkeit besteht in Las Canteras an der Kreuzung.

Restaurants

Playa Casa Pepe €

Hier gibt es eine vielseitige und gute kanarische Küche. Di–So 12.30 bis 16.30 Uhr.

- Calle Werner Rautenberg
  Tel. 922 54 09 58

Café Palmelita €

Das Café direkt am Meer bietet ein reichhaltiges Sortiment an deutschen Kuchen und Torten. Auch Vollkornbrot und Brötchen sind im Angebot. Tgl. 9–22 Uhr.

- Avenida Gran Poder 1 (im Apartmenthaus Piscinas) | Tel. 922 15 03 55

Unterkunft

Nachdem der Tourismus stark zurückgegangen ist und zumeist nur noch ein-

Verkäuferin an einem Stand des Bauernmarkts in Tacoronte

heimische Sommergäste die Schwimmbäder und private Ferienapartments nutzen, gibt es seit 2010 kein Hotel mehr in Bajamar. Man kann allenfalls private Ferienwohnungen mieten, z. B. über www.fewo-direkt.de.

Punta del Hidalgo 10 [H1]

Das Dorf liegt vom Ferienbetrieb weitgehend unberührt am Berghang. Der Badebetrieb und die Feriengäste konzentrieren sich auf den am ruhigen Küstenabschnitt gelegenen Ortsteil Teseinte. Die beiden Hotels haben sich in Anbetracht der Ruhe und Frische hier auf den Kurbetrieb spezialisiert. Ansonsten hat Punta del Hidalgo ein paar schöne Restaurants, eine nicht ganz so schöne Promenade und ein paar schlichte Badeplätze zu bieten. Von Punta del Hidalgo lohnt sich die sehr schöne Wanderung hinauf ins Anagagebirge zum Höhlendorf Chinamada › S. 136.

Bus

Ab Santa Cruz über La Laguna und Bajamar: Buslinie 105, alle 30 Min. › S. 133.

Restaurants

Die Restaurants (€€) der beiden Kurhotels bieten abwechslungsreiche Küche und täglich wechselnde Vollwertmenüs auch für Gäste von außerhalb.

La Caseta €€
Großes, sehr gepflegtes Restaurant mit spanischer und kanarischer Küche, vielen Meeresfrüchtegerichten und Leckereien wie Torten, Kuchen und Eisbechern. 8.30–23.30 Uhr, Mo geschl.
- Avenida Marítima 1
  Tel. 922 15 66 32

Cofradía de Pescadores €
Einfaches, aber stimmungsvolles Terrassenlokal der Fischergenossenschaft mit Blick auf die Boote und das Meer.
- am Hafen

Café Melita €€
Feiner deutscher Kuchen und kräftiges Vollkornbrot.
- Ctra. Punta–Bajamar
  Tel. 922 54 08 14

Hotels

Océano €€
Sport- und Kurhotel mit 85 Apartments, Gesundheits- und Seminarzentrum und Meerwasserschwimmbecken; auch Diätprogramm (F. X. Mayr).
- Paseo Marítimo
  38240 Punta del Hidalgo
  Tel. 922 15 60 00 | www.oceano.de

Atlantis Park €€
Ein etwas einfacheres Aparthotel in der zweiten Reihe; mit Kurprogramm.
- 38240 Punta del Hidalgo
  Tel. 922 15 64 11
  www.atlantis-park.com

Anagagebirge ★ 11 [H–K2]

Obwohl vor den Toren der großen Städte gelegen, blieb das Anagagebirge lange Zeit unerschlossen – seine tiefen Schluchten erschwerten den Straßenbau. Die Bergdörfer blieben vom Tourismus nahezu unberührt, nur Wanderer und die Rundfahrer lernen sie kennen. An den steilen Hängen ist Landwirtschaft nur auf kleinen, hübsch anzuschauenden aber unwirtschaftlichen Terrassenfeldern möglich. Viele liegen brach, andere werden nur noch im Nebenerwerb bearbeitet. Während der Woche gehen ihre Besitzer einer bezahlten Tätigkeit in Santa Cruz nach. In manchen Dörfern harren nur noch die Alten aus.

An der Ruhe und Ursprünglichkeit des Anagagebirges wird sich auch in Zukunft nichts ändern, die Regierung hat es zum *Parque Rural* – vergleichbar mit dem deutschen Landschaftsschutzgebiet – erklärt. Hier, im Wald von **Las Mercedes** oberhalb des gleichnamigen Orts haben sich Bestände des **Lorbeerwalds** *(Laurisilva)* erhalten. In den höheren Zonen geht er in eine strauchartige Vegetation über, die **Fayal-Brezal**. Ihre charakteristischen Sträucher sind der Gagelbaum und die Baumheide. Für diese Mischung ist der Ausdruck *Monteverde* (»Grüner Berg«) gebräuchlich. **50 Dinge** (23) › **S. 15**.

Besucher, die mit dem Auto unterwegs sind, lernen das Anagagebirge über die Höhenstraße kennen, die sie via La Laguna und Las Mercedes oder über Santa Cruz und San Andrés erreichen. Bei guter Sicht eröffnen sich zu beiden Seiten der Straße immer wieder atemberaubende Ausblicke auf Schluchten, Berggrate, Steilküsten und Felseninseln.

Ausblick vom Mirador Pico del Inglés (992 m) im Anagagebirge

Von den Aussichtspunkten entlang der Straße gewähren **Mirador de Jardina** und **Cruz del Carmen** einen Blick über die Hochebene von La Laguna bis zum Pico del Teide. Der ! Ausblick vom Mirador Pico del Inglés zählt zu den schönsten der ganzen Insel. Hier genießt man die Sicht über das Anagagebirge, auf La Laguna und Santa Cruz und sogar bis Gran Canaria.

Bus

Ab La Laguna und Santa Cruz fahren mehrere Linien alle Dörfer außer Chinamada an.

Info

Am Aussichtspunkt Cruz del Carmen hat die Naturparkverwaltung ein **Besucherzentrum** eingerichtet.
Tel. 922 63 35 76, tgl. 9.30–16 Uhr.

Taganana 11 [J2]

Der Hauptort des Anagagebirges, in dem heute noch 600 Menschen wohnen, ist am besten an das Straßennetz angeschlossen. Relativ große alte Höfe und die Kirche, ein klotziger Bau aus dem 17. Jh., sind Zeugen für eine reichere Vergangenheit. Kurz nach der Eroberung wurde hier Zuckerrohr angebaut. Unterhalb von Taganana liegt ein kaum besuchter, weicher Naturstrand vor zauberhafter Felsenkulisse, die **Playa del Roque** (kein Strandservice, Restaurants in der Nähe). Entlang der Straße in Richtung Osten kann man weitere Strände entdecken.

Chinamada 12 [J2]

Dem letzten Höhlendorf Teneriffas nähert man sich am besten zu Fuß. Wenn man davon absieht, dass das Licht nur von vorn ins Zimmer fällt, lebt es sich in den Wohnhöhlen genauso bequem wie in einem modernen Haus. Klimatisch sind sie sogar besser an das lokale Klima angepasst: im Sommer weniger warm, im Winter nicht so kühl. Die gut ausgearbeiteten Höhlenzimmer mit Strom und Wasseranschluss verstecken sich hinter einer gemauerten Fassade mit Tür, Fenstern und Blumenschmuck.

Restaurants

La Cueva €€

! Originelles Höhlenrestaurant mit rustikalen kanarischen Speisen. Mi, Do, So 11–19, Fr, Sa 10–22 Uhr.

- in Chinamada
  Tel. 922 69 00 76

Tesegre €

Gute bäuerliche kanarische Küche und einheimischer Wein. 11–20 Uhr, Mo geschl.

- in Carboneras

Wanderung nach Chinamada

Las Carboneras, ein früheres Köhlerdorf, erreicht man mit dem Pkw auf einem Abstecher (ausgeschildert) von der Kammstraße. Am Ende der asphaltierten Dorfstraße beginnt ein unbefestigter Fahrweg nach Chinamada. Schöner als mit dem Auto ist es, das Höhlendorf im Rahmen einer leichten Rundwanderung anzusteuern (10 km, 2½ Std.).

Zu Fuß geht es immer den Fahrweg entlang, mit schönen Ausblicken auf den Bergkegel des **Roque Taborono** und später aufs Meer. Schon kurz vor Chinamada eröffnet sich ein herrlicher Talblick. Dort angekommen lohnt es sich, im Ort zu spazieren und dem Schild zum **Mirador de Aguaide** an der Steilküste zu folgen und/oder im Restaurant La Cueva einzukehren. Zurück geht es auf demselben Weg oder – etwa 30 Min. länger und kaum schwieriger – über **Las Escaleras** (»die Stufen«, am Ortseingang ausgeschildert). Entlang dieses Wegs wandert man immer am Hang entlang auf einen Bergeinschnitt zu, der durch einen Strommasten gut zu erkennen ist. Dort, an einer Gabelung, geht es nach links unten zurück zur Landstraße und nach Las Carboneras.

Vom Wind geschliffen:
Los Roques de García

DER TEIDE-NATIONALPARK

Kleine Inspiration

- **Auf der Cañadas-Straße** mit spektakulärem Panorama quer durch den Nationalpark fahren › S.140
- **Den Nationalpark zur Ginsterblüte** erleben › S. 142
- **Die Roques de García** von oben erblicken › S.144
- **Bei Wanderungen** von der Bergstation der Teide-Seilbahn die fantastische Fernsicht genießen › S. 145
- **Den Überblick vom höchsten Berg** Spaniens genießen › S. 146

Wie eine Festung thront der Teide, umgeben von einem nicht ganz geschlossenen Gebirgsring, im Inselzentrum. Mit 3718 m hält er gleich zwei Superlative: höchster Berg Spaniens und im ganzen Atlantik.

Am Fuß des Berges, auf mehr als 2000 m Höhe, durchbrechen in der Bewegung erstarrte Lavaflüsse, Felsentürme und Aschekegel tellerflache Ebenen. Diese Landschaft wird **Las Cañadas** genannt. Aus ihrer Mitte wächst als gleichmäßiger Kegel der **Pico del Teide.** Die ellipsenförmige **Caldera,** der Kratergrund des Teide, gehört mit einer Längsachse von 17 km und einer Querachse von 12 km zu den größten der Welt. Seit 2007 ist der Nationalpark UNESCO Weltnaturerbe.

1789 floss die letzte Lava aus der Westflanke des Schichtvulkans, 1909 ergoss sich die feurige Fracht aus einem Felsspalt in der Nähe von Santiago del Teide. Das jungvulkanische Gestein unterscheidet ihn schon äußerlich von den anderen Landstrichen. Zu der Formenvielfalt des Lavagesteins gesellen sich alle Farben – gelbe, hell- und dunkelbraune, rötliche, selbst türkisfarbene Töne, Schwarz und Weiß mischen sich zu einem einzigartigen Bild.

Die Höhenlage und die extremen Temperaturunterschiede im Park brachten eine ganz eigene Vegetation hervor. Im Sommer überziehen weiße und gelbe Schleier aus Millionen Ginsterblüten die Ebenen. An den Hängen leuchten die roten Kerzenblüten der Taginasten.

Wie eine eigene Welt erscheint der Teide-Nationalpark. Bereits die Fahrt dorthin ist ein Erlebnis, egal, aus welcher Richtung man kommt. Am intensivsten erlebt man die Landschaft jedoch bei einer Wanderung. Von einer kleinen Runde in der Ebene bis zum Aufstieg auf den Gipfel sind Touren jeder Schwierigkeit möglich.

Bereits in den unteren Zonen des Nationalparks kann es sehr kühl und windig sein. Spätestens jedoch in der Nähe des Gipfels pfeift der Wind, daher muss man warme Kleidung mitnehmen.

Die schönsten Anfahrtswege

Aus dem Nordosten

Von La Laguna kommend führt die TF 24 durch den **Kiefernwald von La Esperanza** über die Cumbre Dorsal. Keinesfalls sollten Sie den **Mirador de la Cumbre** mit fantastischem Blick auf den Teide und die Nachbarinsel La Palma versäumen. Kurz vor Erreichen der Nationalparkgrenze (etwa 45 km von La Laguna) ragen links die weißen Türme der **physikalischen Observatorien** bei

Izaña in den blauen Himmel. Die Straße durchschneidet in einer Kurve die farbigen Schichten des Vulkanaschehangs.

Aus dem Süden und Westen

Zwei Straßen führen aus dem Süden und Westen hinauf in den Teide-Nationalpark. Empfehlenswert ist die Variante über **Arona** und die TF21, bei der Spaniens höchstes Dorf **Vilaflor** › **S. 71** und herrliche Pinienwälder passiert werden. Kurz bevor man den Nationalpark durch die **Boca de Tauce** erreicht, schweift der Blick nach Westen auf die Nachbarinseln La Gomera und El Hierro sowie nach Norden bis nach La Palma und bei ganz klarer Sicht ist Gran Canaria im Nordosten zu erkennen.

Den Rückweg sollte man über die TF38 in Richtung Westen antreten: Die Straße führt durch die schwarzen, mit knallgrünen Pinien bewachsenen **Vulkanaschehügel** oberhalb von Chío.

Aus dem Norden

Die TF21 führt von Puerto de la Cruz durch Teneriffas betörendste Region, das **Orotavatal** › **S. 100**. Bei diesem Anfahrtsweg passieren Sie die Stadt **La Orotava** › **S. 102**, **Aguamansa** › **S. 101** und fahren durch einen Landschaftspark, der seinesgleichen sucht. Immer wieder bieten sich Ausblicke auf das Meer und die Nachbarinsel La Palma sowie auf den alles überragenden Teide. Zwischen den Kilometersteinen 22 und 23 fällt eine an eine Blume erinnernde Basaltformation links der Straße auf. Die Einheimischen nennen das rosettenförmig aus dem Fels ragende, grob kristalline Gestein **Piedra de la Rosa**.

Schon die Anfahrtswege zum Nationalpark führen durch herrliche Landschaften

Tour im Nationalpark

Tour 17 Entlang der Cañadas-Straße

Route: El Portillo › Roques de García › Boca de Tauce › Vilaflor

Karte: Seite 140
Distanzen:
- 20 km bis Boca de Tauce, weitere 15 km bis Vilaflor

Tour-Start:

Die TF21 führt einmal quer durch den Nationalpark: von **El Portillo** 1 › **S. 141** durch die jungvulkanische Landschaft, vorbei an allen Sehenswürdigkeiten, Serviceeinrichtungen, Restaurants und dem Hotel Parador de Cañadas del Teide.

Hinter den Felsformationen von **Roques de García** 3 › **S. 144** passiert die Cañadas-Straße türkisfarbene Felsen, die **Los Azulejos** genannt werden. Die ungewöhnliche Gesteinsfarbe bringt der Kontakt von Eisenhydraten mit heißen Dämpfen zustande.

Die Route führt hinunter auf die **Cañada Llano de Ucanca** › **S. 144**, die schon mehrfach als ! spektakuläre Kulisse für Science-Fiction-Filme diente. Bevor die TF21 die Cañadas beim herrlichen Panorama von **Boca de Tauce** in Richtung Vilaflor wieder verlässt, ist auf der linken Seite eine Felsformation zu erkennen, die den Namen **Zapatilla de la Reina** trägt. Tatsächlich erkennt man mit ein wenig Fantasie die Umrisse eines Stöckelschuhs.

Auf der TF38 in Richtung Chío lohnt sich noch ein Stopp beim **Mirador de las Narices del Teide,** wo man in die »Nasenlöcher« genannten Öffnungen unterhalb des **Kraters Chaorro,** der 1789 ausbrach, schauen kann.

Tour im Nationalpark

Tour 17

Entlang der Cañadas-Straße

El Portillo › Roques de García › Boca de Tauce › Vilaflor

Der Teide-Nationalpark ist Teil des UNESCO-Weltnaturerbes

Unterwegs im Teide-Nationalpark

Besucherzentrum El Portillo 1 [E5]

Das **Centro de Visitantes** – nicht weit von Zugang El Portillo – überrascht seine Besucher mit einem simulierten Vulkanausbruch: mit rot glühender Magma und fürchterlichem Grollen. Hier kann man sich darüber informieren, welche Arten von Lava sich im Ernstfall bilden. Klima, Fauna und Flora im Nationalpark sind weitere Ausstellungen gewidmet. Stündlich beginnen Filmvorführungen. Zum Besucherzentrum (tgl. 9–16 Uhr, Eintritt kostenlos) gehört ein kleiner botanischer Garten, der Pflanzen dieser Zone versammelt. Ein besonderer Service sind die kostenlosen geführten Wanderungen (Infos unter www.todotenerife.es). **50 Dinge** (5) › **S. 12.**

Der Teide 2 ★12 [D6]

Gemessen am Alter des Teno- oder Anagagebirges steckt der Teide noch in den Kinderschuhen. 1789 floss die letzte Lava aus dem Westhang des Berges. 1909 öffnete sich ein Felsspalt weiter unten, nahe des Städtchens Santiago del Teide, aus dem schwarze Asche schoss.

Der Teide entstand nicht mit einem Ausbruch, sondern baute sich Schicht für Schicht durch wiederkehrende Eruptionen aus einem Schlot auf. Seit 500 Jahren wächst er nicht mehr nach oben sondern nach Westen. Der Vulkankrater **Pico Viejo** am Westhang entstand vermutlich 1492, der **Krater des Chaorro** 1789.

Info

Schon an den Zufahrten zum Park stehen Informationskioske, die Gäste mit kostenlosem Material über Fauna, Flora sowie über das Wanderwegenetz versorgen. Das Besucherzentrum **El Portillo** ist zu einer wirklichen Sehenswürdigkeit ausgebaut. Tgl. außer 25.12. und 1.1. 9–16 Uhr, Tel. 922 92 23 71, www.magrama.gob.es

Bus

Täglich je eine Hin- und Rückfahrt von Süden und Norden: ab/nach Playa de las Américas mit Buslinie 342 um 9.30 Uhr ab **Busbahnhof;** ab/nach Puerto de la Cruz mit Buslinie 348 um 9.30 Uhr. Informieren Sie sich vor Ort noch einmal über die aktuellen Abfahrtszeiten!

Hotel

Parador de Cañadas del Teide €€€
Elegantes, kürzlich renoviertes Haus der staatlichen Parador-Kette auf 2152 m mit bequem eingerichteten Zimmern, Restaurant und Cafeteria. Im Garten gibt es einen Pool und einen Tennisplatz.

- Las Cañadas del Teide
  38300 La Orotava
  Tel. 922 38 64 15 | www.parador.es

SEITENBLICK

Blütenträume

Zu jeder Jahreszeit fallen die riesigen Ginsterbüsche ins Auge. Der ! Teideginster blüht in den ersten Sommermonaten weiß und duftet betörend süß, der gelb blühende Ginster hat sich aus den Pinienwäldern bis hierher vorgewagt.

Als runde Polster treten die **Teidemargariten,** die ebenfalls gelb blühende **Besenrauke** und der rosalila blühende **Teidelack** auf. Die bekannteste und während ihrer Blüte außergewöhnlichste Pflanze ist die **Taginaste wildpretii,** ein Natternkopf, dessen mehr als 2 m hoher Blütenstand bis zu 30 000 winzige rote Blüten trägt. **50 Dinge** (30) › **S. 15.** › **Abb. S. 41.** Die meisten dieser imposanten Pflanzen blühen ab Mai/Juni am Osthang des Gebirgsrings und im Norden am Hang La Fortaleza. In Höhen oberhalb von 2900 m hat es nur das **Teideveilchen** geschafft. Es wächst ausschließlich an den Bimssteinhängen des Vulkans.

Restaurants

In Richtung El Portillo liegt eine Zone mit Restaurants, die internationale und kanarische Küche anbieten (€€).

Im **Parador** €€€ befindet sich ein edles Restaurant mit anspruchsvoller spanisch-kanarischer Küche sowie eine Cafeteria, in der es kleine Gerichte, belegte Brote und Kuchen gibt.

Einkaufen

Einige kleine Shops für verschiedene Mitbringsel, für Bücher und vieles mehr gibt es in **El Portillo,** am **Teleférico** und im **Parador.**

Buch-Tipp:

Tod am Teide. Spannender Urlaubskrimi von Irene Börjes, Zech Verlag. Reiseleiterin Lisa Sommer und ihre Wandergruppe entdecken nicht nur Teneriffas schönste Landschaften, sondern auch einen Mörder.

Seilbahn auf den Pico del Teide

Bei ruhigem Wetter fährt die Seilbahn bis zur Stufe unterhalb des Gipfels (**Rambleta**) auf 3550 m. Den Höhenunterschied von 1200 m von der Talstation bis nach oben überwindet sie in acht Minuten. Der höchste Punkt des Teide ist nur mit einem Berechtigungsschein *(Permiso)* für maximal 200 Besucher täglich zugänglich. Oben angekom-

Das Observatorium von Izaña thront auf der Cumbre Dorsal

men, hat man einen Aufenthalt von 1½ Stunden.

Aber auch von der Rambleta hat man eine fantastische Sicht auf Teneriffa und die umliegenden Inseln. Ausgeschilderte Wege führen hinauf zu den Aussichtspunkten **La Fortaleza** (15 Minuten) und **Pico Viejo** (45 Minuten). Anorak und feste Schuhe nicht vergessen!

Info

Bergfahrten ab 9 Uhr (in der Hochsaison Wartezeiten von bis zu 2 Std.), letzte Talfahrt offiziell um 16.30 Uhr; bei großem Andrang wird aber nie-

SEITENBLICK

Sternengucker am Teide

Die klare, staubfreie Luft und das Fehlen von störenden Lichtquellen in der Nacht schafft die idealen Voraussetzungen für die Beobachtung des Alls. Grund genug, bei Izaña eines der weltweit größten internationalen Observatorien zu errichten. Fünf europäische Länder, die USA und Taiwan arbeiten hier zusammen. Die Ergebnisse lassen nicht auf sich warten: Neue Kometen, schwarze Löcher und anderes haben die Wissenschaftler hier schon entdeckt. Das Gelände ist gesperrt. Einmal im Jahr ist Tag der offenen Tür. Mehr Informationen (auf Spanisch und Englisch) unter www.iac.es. Aber auch Hobby-Astronomen kommen nicht zu kurz. Im Hotel Parador gibt es jeden Freitagabend einen kostenlosen Vortrag mit Sternegucken. Der Verein Astro Amigos bietet geführte Exkursionen mit eigenen Ferngläsern an (www.astroamigos.com, Tel. 659 59 78 34 oder 668 81 29 55, Javier spricht Deutsch). **50 Dinge** (24) › **S. 15.**

Eindrucksvolle Felsformationen bei Los Roques de García

mand zurückgelassen. Bei starkem Wind finden keine Seilbahnfahrten statt (Infos unter Tel. 922 01 04 45, www.telefericoteide.es; Ticket: Erwachsene 27 €, Kinder 13,50 €, einfache Fahrt die Hälfte).

Der Gipfelweg oberhalb von 3600 m steht zwischen 9 und 17 Uhr nur einer begrenzten Besucherzahl pro Tag offen. Die schriftliche Genehmigung erhält man ausschließlich online unter www.reservasparquesnacionales.es. Unbedingt den Personalausweis oder Pass mitnehmen!

Los Roques de García 3 ★ [D7]

Diese markante Felsengruppe zählt zu den Hauptanziehungspunkten und den am meisten fotografierten Plätzen im Teide-Nationalpark. Mit höchstens 500 000 Jahren ist dieser Gebirgsring relativ jung. Wahrscheinlich handelt es sich bei ihm um Reste zweier mächtiger, nebeneinander liegender Vulkankegel.

Die Ebenen am Fuß des Teide-Gipfels nennt man **Las Cañadas** › **S. 140**. Dieser geologische Fachbegriff hat sich auch als Name für den Nationalpark eingebürgert. Die aus mehreren sehr auffälligen Nadeln bestehende Felsgruppe Roques de García trennt die weite Hochebene Las Cañadas von ihrer Tiefebene, der **Cañada Llano de Ucanca**.

Vom **Aussichtsplatz** bietet sich nicht nur ein **!** herrlicher Blick auf die Roques, sondern auch hinunter auf die Cañada Llano de Ucanca. Spektakulär ist auch der massive Basaltfelsen **El Catedral**, der direkt unterhalb des Aussichtsplatzes in die Höhe ragt.

Wer sich etwas bewegen möchte, kann vom Parkplatz einen zuerst mit Seilen und später mit Steinen markierten Weg etwa 1 km an den Roques de García entlangmarschieren. Genau gegenüber, auf der anderen Straßenseite, liegt der Parador de Cañadas del Teide mit Hotel, Restaurants und Laden. Im Parador ist darüber hinaus die Einrichtung eines weiteren Teide-Besucherzentrums geplant, das Ende 2017 eröffnen soll.

Wanderwege im Nationalpark [D6]

Wanderungen im Parque Nacional del Teide sind einfach großartig! Bei allen Unternehmungen läuft man erhaben über allen anderen Regionen der Insel. Touren jedes Schwierigkeitsgrades sind möglich: von einer kleinen Runde ohne Steigungen bis zum Aufstieg auf den Teide. Selbst **Klettern** kann man hier, aber bitte nur am dafür freigegebenen Felsen Piedra Amarilla, in der Nähe des Paradors auf dem Weg zu den Siete Cañadas.

! Grenzenlose Weitblicke auf die Insel und über das Meer auf die Nachbarinseln bieten sich auf den Wanderwegen von der oberen Seilbahnstation **Rambleta.** Sehr schön und relativ mühelos zu begehen ist auch der Pfad vom Parkplatz **Roques de García** ganz nach vorn bis zu einem Plateau (Hin- und Rückweg etwa 1½ Stunden).

Für die Erkundung des Nationalparks per pedes müssen einige Regeln beachtet werden, z. B. ist das Abweichen von den vorgegeben Wegen nicht gestattet. Eine kostenlose Wanderkarte gibt es an den Infokiosken und im Besucherzentrum.

Sie befinden sich im Hochgebirge mit intensiver Sonneneinstrahlung, deshalb sind eine Sonnencreme mit einem hohem Lichtschutzfaktor und eine Kopfbedeckung unerlässlich. In Höhen über 3000 m ist die Luft dünner und trockener. Die Belastung für Herz und Kreislauf ist daher größer und Sie benötigen einen größeren Wasservorrat als in anderen Gebieten.

Geführte Touren

Die Nationalparkverwaltung gibt zweimal wöchentlich eine kostenlose Einführung in Fauna und Flora, verbunden mit einer Wanderung bzw. einer Busfahrt durch die Cañadas, auch mit deutschsprachiger Begleitung.

Informationen über die Touren erhalten Sie im Besucherzentrum. Selbstverständlich haben auch die Wanderveranstalter in den Urlaubsgebieten geführte Touren im Nationalpark in ihrem Programm.

Siete Cañadas

Für Wanderfreunde mit guter Kondition beginnt gegenüber des Besucherzentrums El Portillo ein 16 km langer Weg (beschildert »Siete Cañadas«), der beim Hotel Parador endet. Man sollte 5 Std. reine Gehzeit für diese Tour einplanen. Im Hinblick auf Höhenunterschiede bereitet der Weg keine Schwierigkeiten, aber die absolute Höhe, die Dauer und die Hitze können die Wanderung beschwerlich machen.

Mit Karte (vom Besucherzentrum) fällt die Orientierung leicht. Festes Schuhwerk, Sonnenschutz, Verpflegung und ausreichend Durstlöscher sind Pflicht. Besonders empfehlenswert ist die Wanderung zwischen Mai und Juli, wenn die Kerzenblüten des Roten Teide-Natternkopfs und Ginster die Vulkanlandschaft mit Farbe betupfen.

Wer auf den Bus angewiesen ist, muss vor 16 Uhr den Parador erreicht haben. Dort befindet sich eine Haltestelle für beide Richtungen (Puerto und Las Américas). Aktuelle Zeiten erfragen.

Aufstieg zum Pico del Teide

Machen Sie sich auf keinen Fall untrainiert zu einer Besteigung des Teide auf! Es müssen 1500 Höhenmeter bis nahe an die 4000-Meter-Grenze überwunden werden. Planen Sie dafür je nach Kondition 4½ bis 5½ Std. reine Gehzeit (ohne Abstieg) ein. Für die Besteigung benötigen Sie neben der allgemeinen Ausrüstung und warmer Kleidung auch eine Taschenlampe, denn um den Sonnenaufgang von oben zu erleben, beginnt der Aufstieg bereits in der Dunkelheit.

Die Besteigung startet in der Regel von der **Montaña Blanca** in 2300 m Höhe (Abzweig von der Cañadas-Straße, mit Pkw oder Bus erreichbar). Eine Stunde lang geht es im weiten Bogen um die Montaña Blanca herum gemächlich bergauf bis auf eine Höhe von 2800 m. Man passiert dabei große, schwarze Vulkanbomben, die sogenannten Huevos del Teide (»Eier des Teide«) inmitten der ausgedehnten Bimssteinhänge. Daran anschließend wandert man für rund anderthalb Stunden steil in die Höhe.

Die **Estancia de los Ingleses** und die **Estancia de los Alemanes,** zwei von Felsbrocken markierte Absätze, unterbrechen die Steigung und laden zur Rast ein. In 3260 m Höhe ist die **Altavista-Hütte** erreicht, wo die Gipfelaspiranten übernachten. Zwei Stunden bevor die Sonne aufgeht, lassen sich die meisten Gäste wecken, um den Sonnenaufgang (**50 Dinge** ⑦ › **S. 12**) und das Wandern des Teide-Schattens vom Gipfel aus erleben zu können.

Bis 9 Uhr ist es möglich, den Gipfel ohne Erlaubnisschein zu ersteigen, danach ist eine schriftliche Genehmigung erforderlich › **S. 133.** Mit der Stirnlampe geht es aufwärts, nach einer Stunde ist die **Rambleta** erreicht, an der die Seilbahn endet. Jetzt noch eine letzte Anstrengung – und der **!** Rundblick auf 3718 m Höhe ist gigantisch! **50 Dinge** ㉟ › **S. 14.** Am schnellsten wieder runter geht es mit der Seilbahn.

Unterkunft

Die **Berghütte Altavista** bietet außer 60 Schlafplätzen eine Küche, Krankenzimmer, Toiletten sowie einen Kaffeeautomaten. Man sollte sich unbedingt im Voraus anmelden unter Tel. 922 01 04 40 (Mo–Fr 8–14 Uhr). Unter dieser Telefonnummer sind auch weitere Details zur Besteigung zu erfahren (auch auf Deutsch).
Erwachsene zahlen in der Berghütte für ein Bett pro Person 25 €. Weitere Informationen im Internet unter: www.webtenerife.de.

Die Pyramiden von Güímar – man rätselt über ihre Herkunft.

EXTRA-TOUREN

Obwohl Teneriffa über ein gut ausgebautes Busnetz verfügt, lassen sich alle hier vorgeschlagenen Touren wegen der Stopps und Besichtigungszeiten nur mit dem Pkw (am besten per Mietwagen) bewältigen. Dank der überschaubaren Größe der Insel können alle Touren als Tagestour durchgeführt werden.

Die in den jeweiligen Kapiteln beschriebenen regionalen Touren können ohne Probleme von verschiedenen Ausgangspunkten angefahren werden, z. B. das Teno- und Anagagebirge von Playa de las Américas oder Puerto de la Cruz.

Tour 18 Alte Heiligtümer und die Hauptstadt

Verlauf: **Playa de las Américas › Güímar › Candelaria › San Andrés › Santa Cruz › Playa de las Américas**

Karte: Klappe hinten
Distanzen: 140 km, überwiegend auf der Autobahn.

Auf der Autopista erreicht man von Süden kommend schnell den ersten Besuchspunkt, den **archäologischen Park von Güímar** › S. 125, eine mit Pyramiden bebaute Stätte. Von dort ist es nicht weit zur Inselpatronin, der **Jungfrau von Candelaria** › S. 125 in der Basílica de Nuestra Señora de Candelaria. Das Mittagessen bietet sich in San Andrés, dem nächsten Ziel der Tour, an.

Ein herrlicher Platz für die anschließende Siesta ist der dortige schönste Strand der Region, die **Playa de Las Teresitas** › S. 124. mit golden-weichem Saharasand. Nach dem erfrischenden Bad geht es erholt zum Bummel und Einkauf in die moderne Insel- und Provinzhauptstadt **Santa Cruz** › S. 116. Die Autobahn führt schnell zurück zum Ausgangspunkt nach Playa de las Américas.

Tour 19 Historische Städte im Norden

Verlauf: **Punta del Hidalgo › El Sauzal/Weinmuseum › La Orotava › Icod de los Vinos › Garachico**

Karte: Klappe hinten
Distanzen: Etwa 140 km auf gut ausgebauten Landstraßen und auf der Autopista (Autobahn).

Blick auf Garachico und den Felsen im Meer, der dem Ort den Namen gab

Diese Tour führt von Ost nach West an der Nordküste der Insel entlang. Für eine Besichtigung der historisch wertvollen Altstadt von La Laguna bleibt an diesem Tag keine Zeit. Sie fahren von Punta del Hidalgo direkt zum ! herrlich gelegenen Weinmuseum bei El Sauzal › **S. 131**. Von dort geht es über die Autobahn weiter nach **La Orotava › S. 102** zu einem Besuchs- und Einkaufsbummel in der sehenswerten Altstadt. Hier lässt sich auch sehr gut zu Mittag essen. In **Icod de los Vinos › S. 107** lockt nicht nur der berühmte alte Drachenbaum sondern eine weitere hübsche Altstadt. Wer sich vor dem Besuch des reizenden Museumsstädtchen **Garachico › S. 85** noch etwas entspannen möchte, unternimmt einen Abstecher an die **Playa San Marcos › S. 109** mit ! weichem, dunklem Sandstrand in einer schönen Felsbucht.

Tour 20 Ins Reich des Teide

Verlauf: **Puerto de la Cruz › La Orotava › El Portillo › Teide › Roques de Garcia › Chío › Icod de los Vinos › Puerto de la Cruz**

Karte: Klappe hinten

Distanzen: 140 km, davon gut 60 km sehr kurvige Wegstrecke, für die mehr Zeit als üblich einkalkuliert werden muss.

Als der Drachenbaum Drago milenario zu wachsen begann, herrschten auf Teneriffa noch die Guanchenhäuptlinge

Diese Tour führt durch vielfältige Landschaften: das traumhafte **Orotavatal** › **S. 100**, den grandiosen **Teide-Nationalpark** › **S. 141** und die schwarzen Vulkansandhügel oberhalb von **Chío**. Von den Höhen vor und hinter dem Nationalpark und natürlich vom **Teide** › **S. 141** reicht die Aussicht über weite Teile des kanarischen Archipels. Im **Besucherzentrum El Portillo** › **S. 141** kann man sich über die Vulkanlandschaften sowie Flora und Fauna im Park informieren. Auf der **Cañadas-Straße** › **S. 140** geht es quer durch den Park zu den markanten Felsnadeln **Los Roques de García** › **S. 144**. Die TF 38 und TF 82 führen über Icod de los Vinos zurück zum Ausgangspunkt.

Sie sollten sich je nach Zeitplan entweder für die Stadtbesichtigung von **La Orotava** › **S. 102** oder von **Icod de los Vinos** › **S. 107** entscheiden. Für La Orotava sollten Sie sich viel Zeit nehmen: Es lohnt ein Besuch der **!** sehr gut erhaltenen Altstadt, der Kunsthandwerksgeschäfte und die Einkehr in eines der hervorragenden Restaurants. Icod de los Vinos hat mit dem **Drago milenario** › **S. 108**, dem tausendjährigen Drachenbaum, einen ganz besonderen Besuchspunkt zu bieten.

Infos von A–Z

Ärztliche Versorgung und Apotheken

Gesetzlich Krankenversicherte werden mit der Europäischen Krankenversicherungskarte EHIC kostenlos in allen staatlichen Ärztezentren und Krankenhäusern behandelt. Jede Gemeinde verfügt über mindestens ein Ärztezentrum **Centro de Salud** mit einer 24-Stunden-Notfallambulanz *(Urgencia)*. Der Abschluss einer privaten **Auslandskrankenversicherung,** die einen Rücktransport für den Notfall einschließt, ist zu empfehlen. Daneben praktizieren in den touristischen Zentren Deutsch oder Englisch sprechende Ärzte. Die Hotelrezeption vermittelt gute Adressen.

Apotheken *(Farmacias)* haben die üblichen Öffnungszeiten, in größeren Orten mit turnusgemäßem Nachtdienst (Liste im Aushang aller Apotheken).

Barrierefreies Reisen

Teneriffa ist in den touristischen Gebieten sehr behindertenfreundlich. Viele Strände sind behindertengerecht, immer mehr Restaurants und Hotels bieten Rampen und entsprechende Toiletten. Hilfreich ist die Confederación Española de Personas con Discapacidad Física y Organica (www.cocemfe.es).

Buchläden

Die **Librería Barbara** in Los Cristianos, Calle Juan Pablo Abril 6, bietet Fachliteratur zu den Kanaren und gute Strandlektüre auch auf Deutsch. In Puerto de la Cruz gibt es gebrauchte und neue Bücher bei **Petra's Deutscher Bücherstand** (Hauptstraße im Ortsteil La Paz).

Devisenbestimmungen

Ausländische Devisen dürfen unbeschränkt ein- und ausgeführt werden.

Diplomatische Vertretungen

- **Deutschland:** Honorarkonsulat, Urbanización Jardines La Quintana, Calle Guillermo Rahn, 4, Locales 5–6, 38400 Puerto de la Cruz, Tel. 922 24 88 20, Fax 922 15 15 55, www.spanien.diplo.de; Mo–Do 10–13 Uhr.
- **Österreich:** Honorarkonsulat, Calle Pérez Zamora 9, 38400 Puerto de la Cruz, Tel. 922 37 63 64, Fax 922 38 02 89; Di 10–13, Do 15–18 Uhr
- **Schweiz:** Botschaft in Madrid, Tel. 914 36 39 60, Fax 914 36 39 80, mad.vertretung@eda.admin.ch

Einreise

Deutsche können sich mit gültigem Personalausweis oder Reisepass, Schweizer und Österreicher mit der nationalen Identitätskarte unbegrenzt in Spanien aufhalten.

Elektrizität

Eurosteckdosen und eine Netzspannung von 220 Volt sind üblich.

Feiertage

Gesetzliche nationale Feiertage sind: 1. Januar (Año Nuevo), 6. Januar (Los Reyes), 19. März (San José), Gründonnerstag (Jueves Santo), Karfreitag (Viernes Santo), 1. Mai (Día del Trabajo), 30. Mai (Día de Canarias), Fronleichnam (Corpus Cristi), 25. Juli (Santiago), 15. August (Asunción), 25. August (Derrota de Nelson), 12. Oktober (Día de la Hispanidad), 1. November (Todos los Santos), 6. Dezember (Día de la Constitución), 8. Dezember (Inmaculada Concepción), 25. Dezember (Navidad). Außerdem hat jede Provinz und jede Gemeinde einen eigenen Feiertag.

FKK

In Touristenzentren hat sich Baden »oben ohne« eingebürgert. FKK ist nur an Abschnitten der Strände von La Tejita (bei El Médano) und nördlich von La Caleta (Costa Adeje) geduldet.

Geld und Währung

Währung ist der Euro (€). Wechselkurs für Schweizer Franken (Feb. 2017): 1 CHF = 0,94 €,1 € = 1,07 CHF. Geldautomaten sind vielfach vorhanden; Kreditkarten werden weithin akzeptiert.

Haustiere

Für Hunde und Katzen braucht man den EU-Heimtierausweis, der neben Name, Alter, Rasse und Geschlecht auch die tierärztliche Tollwutimpfung verzeichnet. Die Tiere müssen durch Tätowierung oder Microchip identifizierbar sein.

Information

Teneriffa stellt sich unter zwei sehr informativen und vielseitigen Webadressen – auch auf Deutsch – vor:

- www.todotenerife.es
- www.webtenerife.de
- www.holaislascanarias.com

Die Fremdenverkehrsämter erteilen Auskunft und versenden Prospekte.

- **Im Internet:** www.spain.info
- **In Deutschland:** Lichtensteinallee 1, 10787 Berlin, Tel. (0 30) 8 82 65 43, infoberlin@tourspain.es; Myliusstr. 14, 60323 Frankfurt/Main, Tel. (0 69) 72 50 33, infofrankfurt@tourspain.es; 80051 München, Postfach 15 19 40, Tel. (0 89) 53 07 46 11, infomuenchen@tourspain.es
- **In Österreich:** 1010 Wien, Walfischgasse 8–14, Tel. (01) 5 12 95 80-11, viena@tourspain.es
- **In der Schweiz:** 8008 Zürich, Seefeldstr. 19, Tel. (0 44) 2 53 60 50, zurich@tourspain.es

Die Informationsstellen vor Ort sind im Reiseteil angegeben.

In Deutschland hilft auch **Tenerife Tourism Corporation,** Clemensstr. 24, 80803 München, Tel. (0 89) 33 05 67 83, www.holaislascanarias.com. Viele Infos und Tipps auch auf Deutsch findet man auf den Websites www.todotenerife.es und www.webtenerife.de.

Internet

Internetcafés haben in jedem größeren (Urlaubs-)Ort fast rund um die Uhr geöffnet. Die Nutzungsgebühr liegt bei 2 €/Std. Viele Hotels bieten ihren Gästen als besonderen Service die kostenlose Computernutzung inkl. Internet an oder verfügen über Internetanschlüsse auf den Zimmern oder WLAN im Haus.

Notruf

Es gilt auch auf Teneriffa die europaweite Notruftelefonnummer 112 (auch in Deutsch) für Erste Hilfe, Polizei sowie die Feuerwehr.

Für den Fall, dass ein Rücktransport in die Heimat aus medizinischen Gründen dringend erforderlich ist, stehen rund um die Uhr der **DRK-Flugdienst,** Tel. (00 49) 228 23 00 23, www.drk.de, und außerdem die **Deutsche Rettungsflugwacht,** Tel. (00 49) 711 70 07 22 11, www.drf.de, bereit.

Öffnungszeiten

- **Geschäfte** haben in der Regel Mo bis Fr 9–13.30 und 16–20 Uhr, Sa 9–14 Uhr geöffnet. Supermärkte und Warenhäuser haben keine Mittagspause. In den Urlaubszentren sind die Läden auch an Wochenenden geöffnet.
- **Banken:** Mo–Fr 9–14, Sa 9–13 Uhr
- **Post:** Mo–Sa 9–13 Uhr. In Santa Cruz hat die Hauptpost *(Oficina de Correos)* Mo–Fr 9.30 bis 20.30, Sa 9.30–14 Uhr geöffnet.

Post

Das Porto für Standardbriefe und Ansichtskarten nach Deutschland beträgt 1,15 €.

Sicherheit

Taschendiebe, Trickbetrüger und Autoknacker finden ihre Opfer vor allem in den größeren Städten und Urlaubszentren. Wer seinen Wagen an einsamen Stellen unterwegs abstellt, sollte keine Wertgegenstände offen im Wagen liegen lassen.

Telefon und Handy

Von allen Telefonzellen können Auslandsgespräche geführt werden. Sie sind für Telefonkarten (*tarjeta telefónica*, erhältlich in Tabakläden und Supermärkten) und Münzen eingerichtet.

In Spanien gibt es drei große **Mobilfunkanbieter** (GSM-Netz): Movistar, Vodafone und Orange. Nur in Schluchten ist mit Empfangsproblemen zu rechnen. Die Roaming-Gebühren für Gespräche im ausländischen Netz sind je nach Anbieter unterschiedlich hoch.

Telefonauskunft national: www.paginasblancas.es oder www.paginasamarillas.es (Gelbe Seiten).

Als **Vorwahl fürs Ausland** wählt man 00, gefolgt von der Landesvorwahl (41 für die Schweiz, 43 für Österreich und 49 für Deutschland). Anschließend folgt die Ortskennziffer ohne 0 am Anfang, danach die Teilnehmernummer.

Vorwahl nach Spanien: 00 34

Trinkgeld

Der Service ist im Endbetrag der Rechnung inbegriffen. Es ist aber üblich, gute Leistung mit ca. 5–10 % Trinkgeld zu honorieren. In Hotels gibt man zu Beginn und am Ende des Aufenthalts einen angemessenen Betrag, ebenso bei Dienstleistungen, die nicht selbstverständlich sind.

Zeit

Auf den Kanarischen Inseln gilt die westeuropäische Zeit (WEZ). Es ist immer eine Stunde früher als auf dem europäischen Kontinent.

Zeitungen

Die überregionalen europäischen Tageszeitungen, Illustrierten und Journale sind an den Kiosken in den Urlaubszentren spätestens am Tag nach ihrem Erscheinen erhältlich.

In vierzehntägigem Abstand erscheint ein deutschsprachiges »Wochenblatt«, das Informations-, Werbe-, Lokal- und Unterhaltungsblatt gleichzeitig ist (Busfahrplan!).

Zoll

Die Kanaren sind noch immer Freihandelszone, weswegen es bei der Einreise keine Zollkontrollen gibt.

Bei der Rückkehr nach Deutschland, Österreich und in die Schweiz gelten folgende Freigrenzen (wegen des Sonderstatus niedriger als EU-üblich): 200 Zigaretten, 100 Zigarillos, 50 Zigarren oder 250 g Tabak; 1 l Spirituosen über oder 2 l unter 22 Vol.-% Alkoholgehalt, dazu 4 l Tischwein.

Souvenirs sind bei Schiffs- und Flugreisenden frei bis 430 € bzw. 300 CHF pro Person.

Urlaubskasse	
Espresso/Café solo	0,60–1 €
Softdrink (Wasser, Cola, Fanta)	1–1,50 €
kleines Glas Bier (caña)	1,50 bis 1,80 €
Tapas	ab 2 €
Kugel Eis	1–1,50 €
Taxifahrt (10 km)	ca. 7 €
Mietwagen/Tag	ab 25 €

Register

Bildnachweis

Coverfoto Blick auf den Teide, Teneriffa © AWL Images/Karol Kozlowski
Fotos Umschlagrückseite © Jahreszeiten Verlag/Jan-Peter Westermann (links); Shutterstock/FineShine (Mitte); Huber Images/R. Schmid (rechts).

Alamy/Islandstock: 68; Alamy/R. Jahns: 101; Alamy/A. Paredes: 49; Alamy/parkerphotography: 95; Alamy/PCL: 16; Alamy/M. Sunderland: 74; Alamy/WildPlaces Photography: 80; Alamy/World Pictures: 79; APA Publications/G. J. Norman: 29, 43, 65, 92, 94, 98, 127, 128, 143; AWL Images/Karol Kozlowski: 34/35; Irene Börjes: 8 oben, 9 oben, unten, oben, 32, 33; Fotolia/Insdes: 42; Fotolia/rh2010: 85; Fotolia/sonnenflut products: 37; Fotolia/A. Zalan: 19, 41, 57, 109, 139, 149; R. Hackenberg: U2-1, U2-3, U2-4, 22, 137, 141; Huber Images/ Olimpio Fantuz: 110, 150; Huber Images/Mirau: 50/51; Huber Images/Arcangelo Piai: 13; Huber Images/R. Schmid: 6/7, 71, 88, 103, 112, 121, 123, 147; Huber Images/H. Stadler: 27, 135; IFA/K. Welsh: 52; Jahreszeiten Verlag/J.-P. Westermann: 14; laif/hemis.fr/M. Dozier: 117; laif/C. Piepenburg: U2-2, 59, 60; LOOK-foto/Kay Maeritz: 133; LOOK-foto/J. Richter: 25, 56, 87, 131; Mauritius Images/Alamy: 31, 67, 107; Mauritius Images/imageBROKER/D. Schoenen: 73; Shutterstock/Salvador Aznar: 44; Shutterstock/P. Kazmierczak: 8 unten, 53; Shutterstock/K. Kozlowski: 111; Shutterstock/Ninelle: 47; Shutterstock/nito: 144; Shutterstock/T. Popova: 54, 83; Shutterstock/E. Shevchenko: 124; Shutterstock/K. Thiele: 45; E. Wrba: 84.

Liebe Leserin, lieber Leser,
wir freuen uns, dass Sie sich für diesen POLYGLOTT on tour entschieden haben. Unsere Autorinnen und Autoren sind für Sie unterwegs und recherchieren sehr gründlich, damit Sie mit aktuellen und zuverlässigen Informationen auf Reisen gehen können. Dennoch lassen sich Fehler nie ganz ausschließen. Wir bitten Sie um Verständnis, dass der Verlag dafür keine Haftung übernehmen kann.

Ihre Meinung ist uns wichtig. Bitte schreiben Sie uns:
GRÄFE UND UNZER VERLAG GmbH, Redaktion POLYGLOTT, Grillparzerstraße 12, 81675 München, redaktion@polyglott.de, Tel. 089/41 98 19 41
www.polyglott.de

1. aktualisierte Auflage 2017

Dieses Buch wurde auf chlorfrei gebleichtem Papier gedruckt.
ISBN 978-3-8464-0173-6

Bei Interesse an maßgeschneiderten POLYGLOTT-Produkten:
Verónica Reisenegger
veronica.reisenegger@graefe-und-unzer.de

Bei Interesse an Anzeigen:
KV Kommunalverlag GmbH & Co KG
Tel. 089/928 09 60
info@kommunal-verlag.de

Redaktionsleitung: Grit Müller
Verlagsredaktion: Anne-Katrin Scheiter
Autorin: Irene Börjes, Dr. Gabriele Rupp
Redaktion: Dr. Gabriele Rupp
Bildredaktion: Silwen Randebrock und Nafsika Mylona
Mini-Dolmetscher: Langenscheidt
Layoutkonzept/Titeldesign: fpm factor product münchen
Karten und Pläne: Theiss Heidolph und Kunth Verlag GmbH & Co. KG
Satz: uteweber-grafikdesign
Herstellung: Anna Bäumner
Druck und Bindung: Printer Trento, Italien

PEFC
PEFC/18-31-506

GRÄFE UND UNZER

Ein Unternehmen der
GANSKE VERLAGSGRUPPE

Mini-Dolmetscher Spanisch

Allgemeines

Guten Tag.	Buenos días. [buenos **di**as]
Hallo!	¡Hola! [**o**la]
Wie geht's?	¿Qué tal? [ke tal]
Danke, gut.	Bien, gracias. [bjen **gra**θjas]
Ich heiße ...	Me llamo ... [me **lja**mo]
Auf Wiedersehen.	Adiós. [a**djos**]
Morgen	mañana [ma**nja**na]
Nachmittag	tarde [**tar**de]
Abend	tarde [**tar**de]
Nacht	noche [**no**tsche]
morgen	mañana [ma**nja**na]
heute	hoy [oi]
gestern	ayer [a**jer**]
Sprechen Sie Deutsch / Englisch?	¿Habla usted alemán / inglés? [abla us**ted** ale**man** / in**gles**]
Wie bitte?	¿Cómo? [**ko**mo]
Ich verstehe nicht.	No he entendido. [no e enten**di**do]
Wiederholen Sie bitte.	Por favor, repítalo. [por fa**wor** re**pi**talo]
..., bitte.	..., por favor. [por fa**wor**]
danke	gracias [**gra**θjas]
Keine Ursache.	De nada. [de **na**da]
was / wer / welcher	qué / quién / cuál [ke / kjen / ku**al**]
wo / wohin	dónde / adónde [**don**de / a**don**de]
wie / wie viel / wann / wie lange	cómo / cuánto / cuándo / cuánto tiempo [**ko**mo / ku**an**to / ku**an**do / ku**an**to **tjem**po]
Warum?	¿por qué? [por **ke**]
Wie heißt das?	¿Cómo se llama esto? [**ko**mo ße **lja**ma **es**to]
Wo ist ...?	¿Dónde está ...? [**don**de es**ta** ...]
Können Sie mir helfen?	¿Podría usted ayudarme? [po**dri**a us**ted** aju**dar**me]
ja	sí [ßi]
nein	no [no]
Entschuldigen Sie.	Perdón. [per**don**]
Das macht nichts.	No pasa nada. [no **pa**ßa **na**da]

Shopping

Wo gibt es ...?	¿Dónde hay ...? [**don**de ai]
Wie viel kostet das?	¿Cuánto cuesta? [ku**an**to ku**es**ta]
Ich nehme es.	Me lo llevo. [me lo **lje**vo]
Wo ist eine Bank?	¿Dónde hay un banco? [**don**de ai um **ban**ko]
Ich suche einen Geldautomaten.	Busco un cajero automático. [**bus**ko un ka**che**ro auto**ma**tiko]
Geben Sie mir bitte 100 g Käse.	Por favor, déme cien gramos de queso. [por fa**wor de**me θjen **gra**mos de **ke**ßo]
Haben Sie deutsche Zeitungen?	¿Tienen periódicos alemanes? [**tje**nen per**jo**dikos ale**ma**nes]
Wo kann ich telefonieren / eine Telefonkarte kaufen?	¿Dónde puedo llamar por teléfono / comprar una tarjeta telefónica? [**don**de puedo lja**mar** por te**le**fono / kom**prar u**na tar**che**ta tele**fo**nika]

Essen und Trinken

Die Speisekarte, bitte.	La carta, por favor. [la **kar**ta, por fa**wor**]
Brot	pan [pan]
Kaffee	café [ka**fe**]
Tee	té [te]
mit Milch / Zucker	con leche / azúcar [kon **le**tsche / a**θu**kar]
Orangensaft	zumo de naranja [**θu**mo de na**ran**cha]
Mehr Kaffee, bitte.	Más café, por favor. [mas ka**fe** por fa**wor**]
Suppe	sopa [**ßo**pa]
Fisch	pescado [pes**ka**do]
Meeresfrüchte	mariscos [ma**ris**kos]
Fleisch	carne [**kar**ne]
Geflügel	aves [**a**wes]
Reis	arroz [**ar**ros]
Beilage	guarnición [guarni**θjon**]
vegetarische Gerichte	comida vegetariana [ko**mi**da vecheta**rja**na]
Eier	huevos [**ue**wos]
Salat	ensalada [enßa**la**da]
Dessert	postre [**pos**tre]
Obst	fruta [**fru**ta]
Eis	helado [e**la**do]
Wein	vino [**bi**no]
weiß / rot / rosé	blanco / tinto / rosado [**blan**ko / **tin**to / ro**ßa**do]
Bier	cerveza [θer**we**θa]
Wasser	agua [**a**gua]
Mineralwasser	agua mineral [**a**gua mine**ral**]
mit / ohne Kohlensäure	con / sin gas [kon / ßin gas]
Limonade	gaseosa [gaß**e**oßa]
Ich möchte bitte zahlen.	La cuenta, por favor. [la ku**en**ta por fa**wor**]

Meine Entdeckungen

Hotel Océano S. 134

Clevere Kombination mit POLYGLOTT Stickern

Einfach Ihre eigenen Entdeckungen mit Stickern von 1–16 in der Karte markieren und hier eintragen. Teilen Sie Ihre Entdeckungen auf facebook.com/polyglott1.

Checkliste Teneriffa

Nur da gewesen oder schon entdeckt?

☐ **Feiern auf kanarisch**
Bei den Fiestas geht es hoch her, dazu gibt es viel Wein und lokale Spezialitäten. Unbedingt Termine checken! › **S. 46**

☐ **Tiefer Blick unter die Oberfläche**
Fische, Seesterne oder gar Delfine unter Wasser beobachten? Ein knallig gelbes Unterseeboot macht es möglich. › **S. 59**

☐ **Blütenwunder mit Alleinstellungsmerkmal**
Die roten Teide-Natternköpfe wachsen in der Natur nur auf Teneriffa. Sie sollen bis zu dreißigtausend Blüten bilden. Beste Zeit zum Zählen: Juni, bester Ort: der Nationalpark. › **S. 142**

☐ **Delfine beobachten**
An der Westküste gelingt es manchmal vom Strand aus. Mit einem Boot draußen auf dem Meer klappt es sicher. Mit etwas Glück sind auch Wale unterwegs. › **S. 59**

☐ **Spektakuläre Seilbahnfahrt**
Rundblick vom Pico del Teide: Dem höchsten Gipfel Spaniens kommt man auch im Faulenzermodus nah. › **S. 142**

☐ **Rausch der Tiefe**
Einen echten Vulkantunnel durchwandern? Mit Führer ein Erlebnis! › **S. 109**

☐ **Hoch gewachsen!**
Urwälder der anderen Art: Unter bis zu 16 m hohen Erikabäumen geraten Heidefreunde ins Schwärmen! › **S. 135**

Mitbringsel für daheim

Das schmeckt nach Urlaub: *Jamón serrano* und *Queso blanco de cabra* › **S. 14**

Sweet memories: das honigduftende Mandelmus *Bienmesabe* › **S. 48**